U0486788

世界银行贷款中国经济改革促进与能力加强技术援助项目（TCC6）

工业互联网

推动中小企业包容性增长的内在逻辑

工业互联网推动中小企业包容性增长政策研究与机制创新项目组 ◎ 编

電子工業出版社
Publishing House of Electronics Industry
北京 • BEIJING

图书在版编目（CIP）数据

工业互联网推动中小企业包容性增长的内在逻辑 / 工业互联网推动中小企业包容性增长政策研究与机制创新项目组编. —北京：电子工业出版社，2022.1
ISBN 978-7-121-42284-3

Ⅰ. ①工… Ⅱ. ①工… Ⅲ. ①互联网络－应用－中小企业－企业管理－研究
Ⅳ. ①F279.243-39

中国版本图书馆 CIP 数据核字（2021）第 228090 号

责任编辑：缪晓红
印　　刷：北京虎彩文化传播有限公司
装　　订：北京虎彩文化传播有限公司
出版发行：电子工业出版社
　　　　　北京市海淀区万寿路 173 信箱　邮编 100036
开　　本：720×1 000　1/16　印张：16.25　字数：306 千字
版　　次：2022 年 1 月第 1 版
印　　次：2024 年 1 月第 2 次印刷
定　　价：120.00 元

凡所购买电子工业出版社图书有缺损问题，请向购买书店调换。若书店售缺，请与本社发行部联系，联系及邮购电话：（010）88254888，88258888。

质量投诉请发邮件至zlts@phei.com.cn，盗版侵权举报请发邮件至dbqq@phei.com.cn。

本书咨询联系方式：（010）88254760。

编　写　组

组　　长：孙文龙　冯　伟

副 组 长：于秀明　李　君　杨本晓　张　宇

成　　员：贾　超　谭伟亮　甘　霖　文　莎

梁思哲　陶　元　侯莹莹　苍天竹

安　成　刘夏青　张建华　杨梦培

王程安　苏　伟　杜玉琳　栗向龙

前言 / Preface

新冠肺炎疫情（以下简称“疫情”）与百年未有之大变局相互交织，我国敏锐地把握国际国内发展形势，做出构建以国内大循环为主体、国内国际双循环相互促进的新发展格局的主动性战略选择。构建新发展格局要立足扩大内需这一战略基点，充分发挥我国大国大市场的优势，发挥我国广大中小企业主体的基础作用，构建完备的产业链供应链生态体系。这就要求我们大力培植发展广大中小企业，充分运用工业互联网等新一代信息技术，筑牢支撑中小企业包容性增长的基础设施，进一步营造有利于中小企业公平竞争和平等发展的市场环境，实现包容性增长。

工业和信息化部信息技术发展司承担世界银行贷款中国经济改革促进与能力加强技术援助项目（TCC6）“工业互联网推动中小企业包容性增长政策研究与机制创新”子项目，组织中国电子技术标准化研究院、国家工业信息安全发展研究中心、北京赛宝工业技术研究院、中国工业互联网研究院等单位开展相关研究，并将研究成果汇编形成了《工业互联网推动中小企业包容性增长的内在逻辑》一书。本书作为项目重要成果之一，紧扣“把握构建新发展格局的时代使命，立足中小企业生力军主体，依托工业互联网平台，推动中小企业加速数字化转型，加速中小企业平等共享数据资源、公平参与市场竞争，实现中小企业包容性增长”的逻辑主线，立足我国中小企业发展实际和工业互联网平台发展的最新实践，为政府推动中小企业包容性增长政策制定提供科学支撑，同时对于业界凝聚共识、整合各方资源、推动形成更有利于中小企业包容性增长的市场生态具有积极作用。

本书分为基础理论篇、实践路径篇、政策案例篇。

基础理论篇包括4章，主要围绕“工业互联网推动中小企业包容性增长政策研究与机制创新”这一课题涉及的关键要素，厘清主要概念。第一章介绍中小企业，依据《中小企业划型标准规定》对工业、信息传输、软件和信息技术服务业中小企业进行界定。第二章介绍包容性增长，综合世界银行和学术界关于包容性增长研究成果，提出包容性增长是一种把经济增长过程和经济增长结果有机统一的经济社会发展模式，机会平等、过程公平、福利普惠是其核心要义。第三章介绍数字化转型，提出制造业数字化转型是利用数字化技术及工具，构建制造业数字化生态的过程，既包括企业内部研发设计、生产制造、经营管理、运维服务等环节的数字化技术和工具的应用，也包括企业间供应链产业链数字化协同及文化、教育、服务等制造业数字化生态构建。第四章介绍工业互联网，阐述以平台体系为核心、网络体系为基础、安全体系为保障的工业互联网核心内容，聚焦万物互联、数据驱动、软件定义等方面，提出工业互联网平台助力数字化转型的逻辑。

实践路径篇包括4章。第五章提出和阐述了基于基础性工业互联网平台及行业性工业互联网平台赋能中小企业包容性增长机制。第六章围绕包容性增长的“平等”要求，聚焦工业互联网平台激发数据资源价值，从数据技术应用、数据价值挖掘、数据贯通和业务协同等方面，提出工业互联网平台加速中小企业平等共享数据资源的方法。第七章围绕包容性增长的“公平”要求，从公共危机事件视角出发，从危机预警、紧急响应、恢复制造、供需对接、远程协作、模式创新等能力维度，提出基于工业互联网平台助力中小企业公平参与市场竞争的举措。第八章分析中小企业数字化转型标准化需求，分析转型指南、价值效益等中小企业数字化转型系列标准，介绍标准应用方法，提出标准化引领中小企业数字化转型升级，以及促进包容性增长的一系列思考。

政策案例篇包括 2 章。第九章重点介绍国外主要发达国家和地区及我国政府推动中小企业包容性增长的政策布局。第十章列举我国主要工业互联网平台助力中小企业包容性增长的实践案例。

希望本书能够为地方政府主管部门提供参考，也能为广大中小企业、工业互联网平台等新一代信息技术供应方及其他有关各方提供帮助。

编 者

2021 年 7 月 1 日

目录 / Contents

基础理论篇

实践路径篇

政策案例篇

基础理论篇

第一章

Chapter 1

中小企业——构建新发展格局的生力军

一、什么是中小企业

（一）划分标准

随着工业革命的深入，现代工业体系得以建立，电力、内燃机广泛应用，机器不断改良，社会分工日益精细，使劳动生产率大幅度提高。工业规模大幅度扩大，传统手工业被大工业迅速替代，企业的规模也越来越大，生产和资本的集中开始促成垄断组织，而与之呼应的是古典经济学理论中“手工业或小工业行将没落”的观点，该理论是中小企业理论的雏形。

中小企业是一个相对的概念，它是指相对大企业而言，其人员规模、资本规模与经营规模都比较小的经济单位。同时，中小企业也是一个动态的概念，过去被称为大企业的，现在可能只是中等企业甚至小企业；而现在是小企业的，若干年后可能会发展成为大企业。中小企业也是一个比较复杂的概念，不同的国家有不同的定义和标准。例如，美国通常只有大小企业之分，没有中型企业的概念。

2003 年 1 月 1 日，《中华人民共和国中小企业促进法》正式施行，并于 2017 年修订（2018 年 1 月 1 日起施行）。该法律对中小企业概念的内涵和外延做了明确规定，第二条规定，“本法所称中小企业，是指在中华人民共和国境内依法设立的，人员规模、经营规模相对较小的企业，包括中型企业、小型企业和微型企业。”从内涵上看，中小企业指的就是人员数量和经营规模两方面都相对小的且完成依法设立程序的企业。2003 年 2 月，国家经济贸易委员会、国家发展计划委员会、财政部、国家统计局四部委联合发布了《中小企业标准暂行规定》（国经贸中小企〔2003〕143 号）（已废止），这是我国第一个基于法律规定的中小企业划分标准，其意义重大，加速了中小企业的壮大和发展。《中小企业标准暂行规定》公布以来，我国经济发展迅速，中小企业数量和规模快速增长，占经济总量的比重不断提高，特别是创业创新热潮催生了大量的中小企业，在扩大就业、改善民生、促进创业创新等方面发挥出越来越重要的作用。2011 年 6 月，为适应经济社会发展和中小企业的需要，准确反映中小企业真实状况和对经济社会的贡献，工业和信息化部、国家统计局、国家发展和改革委员会、财政部等四部门研究制定了《中小企业划型标准规定》（工信部联企业〔2011〕300 号），经国务院同意后发布，该规定将中小企业划分为中型企业、小型企业和微型企业。

《中小企业划型标准规定》对工业中小微企业的界定为：从业人员 1000 人以下或营业收入 40000 万元以下的为中小微型企业。其中，从业人员 300 人及以上，且营业收入 2000 万元及以上的为中型企业；从业人员 20 人及以上，且营业收入 300 万元及以上的为小型企业；从业人员 20 人以下或营业收入 300 万元以下的为微型企业。

《中小企业划型标准规定》对信息传输业中小微企业的界定为：从业人员 2000 人以下或营业收入 100000 万元以下的为中小微型企业。其中，从业人员 100 人及以上，且营业收入 1000 万元及以上的为中型企业；从业人员 10 人及以上，且营业收入 100 万元及以上的为小型企业；从业人员 10 人以下或营业收入 100 万元以下的为微型企业。

《中小企业划型标准规定》对软件和信息技术服务业中小微企业的界定为：从业人员 300 人以下或营业收入 10000 万元以下的为中小微型企业。其中，从业人员 100 人及以上，且营业收入 1000 万元及以上的为中型企业；从业人员 10 人及以上，且营业收入 50 万元及以上的为小型企业；从业人员 10 人以下或营业收入 50 万元以下的为微型企业。

从《中小企业划型标准规定》中也可以看出，从业人员、营业收入等是界定中小企业的关键指标。在实际生产和市场活动中，从业人员和营业收入也往往决定着中小企业的发展规模、技术创新水平、融资能力、市场竞争力，以及抵御风险的能力等。《中小企业划型标准规定》作为促进中小企业发展政策实施和国民经济统计分类的基础依据，发布十年来，得到了较好的执行，为各级政府部门制定和实施促进中小企业特别是小微企业发展政策提供了基础数据和决策参考。但随着经济发展和产业结构的调整，《中小企业划型标准规定》在执行中也遇到了一些问题，例如，因采用从业人员、营业收入或资产总额双指标并集划型，导致少数从业人员少而营业收入高或资产规模大的企业划入中小企业；部分行业划型指标不适合行业大多数企业经营特征，定性标准缺位；定量标准须随劳动生产率提高等进行调整。为适应国民经济和促进中小企业发展的需要，工业和信息化部与国家统计局会同有关部门开展了《中小企业划型标准规定》（工信部联企业〔2011〕300 号）的研究修订工作，已形成修订征求意见稿，并于 2021 年 4 月 23 日发出《关于公开征求〈中小企业划型标准规定（修订征求意见稿）〉意见的通知》。

《中小企业划型标准规定（修订征求意见稿）》对工业（采矿业，制造业，电力、热力、燃气及水生产和供应业）、交通运输、仓储和邮政业中小微企业的界定为：从业人员 1000 人以下且营业收入 20 亿元以下的为中小微型企业。其中，从业人员 20 人以下且营业收入 2000 万元以下的为微型企业；从业人员 300 人以下且营业收入 2 亿元以下的为小型企业；从业人员 1000 人以下且营业收入 20 亿元以下的为中型企业。

《中小企业划型标准规定（修订征求意见稿）》对信息传输、软件和信息技术服务业中小微企业的界定为：从业人员 500 人以下且营业收入 10 亿元以下的为中小微型企业。其中，从业人员 10 人以下且营业收入 1000 万元以下的为微型企业；从业人员 100 人以下且营业收入 1 亿元以下的为小型企业；从业人员 500 人以下且营业收入 10 亿元以下的为中型企业。

目前，《中小企业划型标准规定（修订征求意见稿）》还处于公开征求社会各界意见阶段。

（二）重要地位

在世界各国的经济发展中，无论该国的经济制度属于何种类型、经济发展水平达到何种程度，都会拥有大量的中小企业群体，这是十分客观和普遍的现象。在全球范围内，中小型企业数量占全球企业总数的 90%以上。这些中小企业分布在经济领域的各行业，形成了强大的企业群体，成为推动各国社会经济发展及参与国际经济活动的主要力量，发挥着大企业或跨国企业都无法替代的重要作用。中小企业能在国民经济循环过程中促进经济的稳定成长，不断强化市场竞争活力，创造大量就业机会，研发大量技术创新成果。特别是中小企业旺盛的活力和灵活的经营方式，大大削弱了垄断体制及垄断行业的强度，扩大了消费者的权益。因此，中小企业往往被视为社会财富的主要提供者和国家经济增长的原动力，政治稳定与社会和谐的“推进器”。一个国家中小企业的生存与发展状况会直接影响到该国整体经济的发展进程。

中小企业在国民经济中占据重要的位置。中小企业的数量众多，虽然各个国家（地区）中小企业发展情况均有所不同，生存的环境也大相径庭，但中小企业在数量上占有很大的优势。中小企业还为各个国家创造了大量的国民财富。例如，美国拥有的跨国企业数目众多，但是中小企业所贡献的国民生产总值依然占有较大的比重；日本向来对中小企业的发展较为重视，日本国民的衣食住行在很大比例上是由中小企业提供的。与发达国家相比，发展中国家无论在劳动人员综合素质方面还是在科技水平方面都不占优势，尤其是在赚取外汇方面更是存在着较大的难度，一旦出现资金短缺的问题，就会严重阻碍该国国民经济的可持续增长。在这样的形势下，中小企业占据重要的位置，其作为出口创汇的重要支持力量之一，能够发挥自身“灵活应变”的优势，结合不断变化的市场需求，通过迅速转产等一系列手段更好地适应市场发展需求，从而在出口创汇方面为国家贡献力量，进而促进国民经济健康发展。

中小企业的发展对社会稳定具有积极的作用。无论是发达国家还是发展中国家，实施国民经济管理的一个主要目的就是实现充分就业。从某种角度来看，只有国家的就业率得到提高，实现充分就业，才能够有效地维护社会稳定，从而确保国民经济发展的秩序性，进而为人民的生活提供健康、稳定的环境。充分就业的实现同时也预示着人们的生活水平得到改善、社会福利得到提高。我国是世界上人口数量最多的国家，这给充分就业目标的实现带来了很大难度。近几年来，城市化发展进程不断加快，从农村来到城市务工的人员及农村剩余劳动力队伍较为庞大，这些人员的就业问题多由中小企业解决。例如，目前我国工业领域就业人数已经达到大约 1.5 亿人，而其中在中小企业就业的人数比例已经接近 75%，中小企业的发展拓宽了人们就业的渠道。由此可见，中小企业具有较大的吸收劳动力的能力，对维护社会的稳定具有重要的作用。

中小企业是大型企业发展的重要基础。大型企业通常是从中小企业逐渐发展、成熟、扩张而来的，因为中小企业创立所需要的资金相对较少，并且风险系数较低，所以中小企业更容易创立和生存。世界各国每年都有大量的中小企业创立，目前每年中小企业创立的数量仍然呈现上升趋势。中小企业具有极强的市场适应能力，经过一定时期的良好发展很容易成为大型企业，从而成为国民经济发展的重要支撑。世界上很多著名的大型企业，都是从不起眼的小企业逐渐发展而来的。这些由中小企业逐步发展而来的大型企业，在发展的过程中积累了较为丰富的市场经验，其更容易在激烈的市场竞争中生存与发展。在国民经济结构中，企业的规模大小呈现出金字塔形的分布，中小企业位于金字塔结构的底端，充分体现了中小企业是国民经济发展重要基础。从某种角度上看，一个国家国民经济的发展是否具有充足的动力和潜力，可以说是由中小企业的发展水平所决定的。中小企业通常为大型企业生产中间产品，是大型企业得以发展的重要基础。在现阶段的国民经济发展中，各个行业之间的关系越来越紧密，并且对各个专业行业的分工进行了细化，大型企业的发展越来越不能脱离中小企业，中小企业对于大型企业的作用越来越重要，地位越来越明显。

二、中小企业支撑构建新发展格局的作用

（一）充分释放创新发展活力

构建和支撑实施新发展格局，需要充分释放创新发展活力，而中小企业作为“就业蓄水池”和科技创新生力军，在创新方面当仁不让。中小企业是重要的创新源泉，是稳定经济、保障就业和推动创新的重要经济主体。中小企业已成为高新技术产业化中的主力军和科技进步的重要力量，具有“小型化”“柔性化”的特点，能快速实现技术创新、管理创新与市场创新集成，决策机制灵活，市场适应能力强。高技术中小型企业无论是数量、销售收入还是出口能力都不逊于大型企业。随着我国创新创业政策、产业、人才、技术、金融要素的汇聚，大量创新型中小企业涌现，创新主体蓬勃发展，发展质量逐年提升，申请专利十分活跃，为科技成果迅速转化为生产力开辟了新的途径，有力地促进了产业升级和结构优化。

中小企业具备大型企业缺少的“灵动性”，尤其在局部市场能够发挥灵活性和机动性，并通过缩短成本来回收时间链，降低管理成本投入来实现盈利和差异化发展。中小企业能够以较低的时间成本和机会成本做出生产经营决策从而实现盈利，可以针对经营目标灵活调整投资策略，以达到高盈利速率、高生产效率和短市场活动期并存的效果，使企业快速获得较高的投资和经营收益。中小企业和大型企业在创新方式上存在较大差异。尽管大型企业具备资金和技术双重优势，但受投资回报率要求和已有路径依赖等条件约束，大多基于原有架构和已有技术进行渐进型创新；而中小企业具备对路径依赖轻、市场响应能力强、自驱机制强的创新优势，善于发现极具创新潜力的细分市场进行深耕，敏锐发掘市场需求，灵活进行运营

决策，从而快速实现市场需求响应。

（二）加速构建完整内需体系

内需是我国经济发展的基本动力，内需与消费相辅相成，扩大内需是满足人民日益增长的美好生活需要的必然要求。完整的内需体系是各类需求主体构成的全领域、多层次并随着技术、经济、社会等内外部条件、环境变化而动态调整的国内需求的总和。过去，在我国经济增长中，出口和投资的贡献比较大，但随着国内外形势的变化，出口的重要性不断下降，比如外贸依存度从 2006 年的 63%下降到 2019 年的 33%，下降了 30 个百分点；而 2019 年消费对国民经济增长的贡献率是 57.8%，已经连续 6 年成为拉动中国经济增长的第一"引擎"。随着新发展格局的确立，国内大循环成为战略重点，扩大内需将成为战略基点，内需与消费的重要性将进一步扩大。我国中小企业催生出一系列新产品、新服务、新模式、新业态，拉动了内需向新创造的供给转换，满足了个性化消费需求、多层次生产资料需求等，有助于保障避免国内需求大起大落，是加速构建完整内需体系的关键。

当今，消费者越来越突出个性化的消费需求，大型企业虽然具有规模化、技术优势明显、设备先进等优势，但通常采用大批量的生产方式，所生产的产品往往无法充分满足消费者多样化的需求。产品的小型化、分散化生产为中小企业的产品创新和成长发展提供了有利条件。一方面，中小企业的生产具有小批量生产、满足个性化需求、技术创新速度快等特点，所生产的产品更贴近消费者，更能满足其需求，且需求量较大，如服装、鞋帽、家具、家电等。另一方面，中小企业贴近市场、靠近消费者，机制灵活、反应快捷，许多中小企业可以针对新的技术立即进行研发和市场开发，尤其在电子产品、新型材料、信息系统等方面取得较好的成效，从而形成层次错落有致、协同配套科学合理的内需供给能力，与刺激消费需求形成良性闭环机制。

（三）保持产业链、供应链稳定

产业链、供应链在关键时刻不能“掉链子”，这是大国经济必须具备的重要特征。当前新发展格局正在形成，随着华为、TikTok、腾讯等大型企业在美国面临打压和封禁，以及越来越多的大型企业被纳入“实体清单”，中小企业以其规模小、数量多、转型灵活的优势，在推动国内国际双循环中发挥的作用日益显现。例如，电子电器行业尤其是芯片领域受贸易摩擦影响，国外中高端产品供给受限，市场短期内出现大量国产替代空间，国内相关中小企业迎来了迅速扩容发展的机遇期。

中小企业是产业链、供应链中最多的主体，是提升产业链、供应链稳定性和竞争力的关键。中小企业服务于生产、分配、流通、消费各环节，为固链、补链、强链提供了有力支撑。产业链上游配套的中小企业能够有力支撑下游大企业，促进大中小企业协同发展。例如，深圳作为全球重要的电子信息产业研发生产基地，新型显示、半导体照明、微电子等领域中小企业非常活跃，一批“专精特新”中小企业相继涌现，形成了强大的技术供给能力和市场空间，为大型电子信息产业化项目陆续建成投产发挥了重要作用。同时，我国中小企业参与国际分工模式的改进，正在进行传统比较优势的深化，并适时地实现从传统产业向现代产业、从比较优势向竞争优势的转化，其资源禀赋结构提升的外部条件已初步显现，国际竞争力内涵不断丰富。上海、深圳等地的中小企业以集群配套、中间投入品供应等方式介入计算机、信息通信、生物制药等高新技术领域，迈出了涉足国际前沿产业的步伐。沿海一些地区的中小企业已经表现出较高的国际竞争力。珠江三角洲地区成为全球重要的电子生产基地之一，仅东莞就聚集了上千家电子生产企业，所生产的电脑主板、扫描仪、显像管、微型马达等，已占到全球市场份额的15%～40%，计算机机箱占全球市场份额的30%。

湖南先进储能材料产业链拥有规模以上企业近100家，其中80%以上是中小企业，这些企业逐渐形成了包含正极材料、负极材料、电芯、储能系统、废旧动力电池回收等的完整链条，通过配套带动，在国内、国际市场的竞争力不断提升，有力增强了我国产业链、供应链安全能力。

第二章

Chapter 2

包容性增长——中小企业生存和发展的内在要求

三、什么是包容性增长

（一）包容性增长的内涵

2006 年，世界银行在《2006 年世界发展报告：公平与发展》中指出，全球范围内收入不平等现象加剧的国家数量日益增加，仅在亚洲就有包括中国在内的 15 个国家的基尼系数呈上升趋势。在此背景下，“包容性增长”成为探索发展战略的政策关键词，联合国开发计划署、世界银行、亚洲开发银行等国际机构均将包容性增长理念列为指导思想与核心战略，包容性增长研究也逐渐成为学术界关注的焦点。当前，伴随经济全球化受阻、新冠肺炎疫情影响等诸多负面问题，进行包容性增长的研究显得比以往任何时候都更为迫切。笔者梳理有关文献发现，对包容性增长的定义主要有以下四类。

第一类，把包容性增长界定为机会平等的增长（Ali and Zhuang，2007；ADB，2007）。在该类定义中，机会平等是包容性增长的核心，包容性增长既强调通过高速和可持续的经济增长以创造就业和其他发展机会，又强调通过减少与消除机会不平等来促进社会公平和增长的共享性。唐钧（2010）认为，包容性增长的内涵就是“参与”和“共享”，只有当所有社会主体都能够“参与”和“共享”时，经济增长才具有积极意义。

第二类，基于对贫困和弱势群体的关注，认为包容性增长是益贫式增长。这是因为贫困和弱势群体很难从增长中受益，因而包容性增长应使低收入群体从经济增长中分享收益，最好是使其多受益，使他们过上有尊严的生活（Besley et al，2007）。包容性增长作为一种发展战略，是益贫式增长的扩展，这种发展有利于发展中国家中的大多数人，而且在经济与政治上更具有持续性（Birdsall，2007）。

第三类，基于全球视角，从国内外层面界定包容性增长。杜志雄（2010）认为，从中国经济发展的实际看，包容性增长是一种“普惠式增长”，即不断为民众逐步过上富裕生活创造物质基础，以实现公平分配，提高居民收入在国民收入中的比重和劳动报酬在初次分配中的比重。在国际层面上，包容性增长是一种“开放性增长”，国与国之间在开展经济合作时应该互相关照、互惠互利、携手发展。

第四类，从就业、制度、执政理念的角度界定包容性增长。Felipe（2007）把包容性增长与就业联系起来，认为包容性增长应该实现穷人的充分就业，并使工资增长速度高于资本报酬增长速度，从而缩小贫富差距。俞宪忠（2010）认为，包容性增长是经济增长、人口发展和制度公平的有机协同，具有显著的民本主义发展取向。

综上，尽管学者们对包容性增长关注的对象和内容各有侧重，不同学者有不同的诠释，但是综合来看，他们均认同**包容性增长就是要在可持续发展中实现经济社会的协调发展，机会平等、过程公平、福利普惠是包容性增长的核心内涵。**可见，包容性增长既是目的，也是手段，是一种把经济增长过程和经济增长结果有机统一的经济社会发展模式。

中小企业包容性增长受到越来越多的关注，但由于机制环境和自身能力等原因，中小企业难以获取所需的资源，常常在市场竞争中受到排挤，往往处于弱势地位，主要体现在享用经济发展资源不够平等、参与市场活动不够公平。从技术的视角来看，究其根本是信息化能力不足，数字化水平不高，有效应用新一代信息技术等先进技术不够，数字化转型发展能力不强，进而不能同大多数大企业一样平等地享用数据等资源来促进业务的良性、协同发展，在面对突发危机事件时，中小企业即使享受政府部门的帮扶政策，也难以公平地参与市场竞争。因此，本书将中小企业包容性增长定义为：**中小企业借助工业互联网等新一代信息技术，以数据资源为核**

心要素，以平台为引擎，深入推进数字化转型，逐渐实现机会平等、过程公平、福利普惠的发展。

（二）包容性增长的特点

通过高质量、可持续的经济增长创造大量就业和发展机会。经济增长可以促进劳动力价值提升，创造大量新的就业机会，促使工资水平上升，因而能将增长成果更广泛地传递给劳动者，包括个人和企业。经济增长能创造必要的资源，用于支持实现人力资本改善和提升、教育和基本医疗卫生水平提高、技术创新能力不断提高等经济社会发展目标。持续的经济增长还能扩大企业、个人等主体的选择范围，创造更多、更加平等的分配机会。

打破弱势群体的权利贫困和所面临的社会排斥。发展中国家除了收入差距，非收入方面的差距也在扩大，其中最受关注的是民众在接受基础教育、基本医疗卫生服务及其他基本社会服务，企业在平等共享发展资源、公平参与市场活动等方面所拥有的机会不平等。倡导和推进包容性增长，旨在打破弱势群体的权利贫困和所面临的社会排斥，强调和重视弱势群体平等地享有各种政治、经济和社会权利，不将他们排斥在经济增长进程之外。

倡导和保证机会平等，促进和实现社会公平正义。公平正义是人类永恒的价值诉求和价值追求，但是资源分配不公导致严重不良经济效应和社会效应不断产生和扩大，在很大程度上延缓和阻碍了这一进程。促进和实现包容性增长，除了促进经济实现高质量、可持续增长，最大限度地创造就业机会，打破弱势群体的权利贫困和所面临的社会排斥，还倡导和保证机会平等，通过机会平等改善收入和财富分配方式，缩小结果的不平等，促进和实现社会公平正义。

中小企业包容性增长应具有以下特点。

机会平等。平等地使用技术、资金、人力资源、土地使用权及其他自然资源等各类生产要素和公共服务资源，平等地使用国家支持发展的政策，在政府资金、土地供应、税费减免、资质许可、标准制定、项目申报、职称评定、人力资源政策等方面不受到歧视。

过程公平。公平地与大企业建立以市场配置资源为基础的、稳定的原材料供应、生产、销售、技术开发和技术改造等方面的协作关系，避免与大企业在相同领域发生正面竞争，基于恰当的产业缝隙，与大企业形成互补和协作的关系。公平地开展对外经济技术交流与合作，促进境外投资和国际市场开拓。

福利普惠。符合条件的中小企业都能够享受政府在应收账款融资、直接融资、减轻税费、房租减免、缓解用水用电用气成本压力、优化补贴办理流程，以及项目建设、创新能力提升、提质增效等方面的普惠性政策福利。

四、中小企业包容性增长困境

（一）资金链不稳定：传统征信体系对中小企业不够友善

中小企业融资需求巨大，然而传统征信体系的投融资以间接投融资为主，主要为核心企业做信用背书，信息共享的动力不足，加大了中小企业融资难度。企业的正常运营状况是以产品生产和服务提供为基础的市场化活动的反映，设备的满负荷甚至超负荷运转、较高的产能利用率、人员工作的饱和均是企业经营状况良好的表现。受限于技术水平，企业生产数据的实时采集、管理和分析比较困难，金融机构只能以相对固化的方式，凭借企业的年度财务报表等信息对企业进行授信和贷款抵押。由此导致部分具有明显竞争力优势的产品，因为其企业自身资产体量不足和信用额度不够，难以获得银行、融资租赁公司等金融机构的金融支持，错失了大量发展机会。过去，中小企业特别是初创企业多因为财务问题而难以开展业务，最后迫不得已进行破产清算。如果可以对企业的设备运行状态、产品质量、能耗水平等生产数据进行实时管理，那么就可以对企业的实际生产情况进行及时监管，银行等金融机构也可依托相应数据完成对企业的事前贷款、事中监管、事后经营考核，实现依据企业生产的实际情况进行金融服务的金融创新。

（二）技术链不透明：传统技术合作对中小企业不够开放

技术合作有助于提高中小企业的创新能力，是中小企业实现包容性增长的重要因素，尽管中小企业具有某种创新行为上的优势，但在技术创新合作方面还面临较大困难。知识的传播和交易通常以隐性的经验或显性的技术为载体进行，如我国在机械制造、航空航天等领域拥有大量的知识、经验、方法等储备，但由于缺乏合适的储存复现方法，这些知识只能以专利、操作习惯、工作经验等传播度较低的方式保留，导致相关技术无法及时、系统地被总结归纳，从而无法广泛传播复用。在传统的知识交易体系中，使用方需要经过"搜寻—订购—交付—转化"等烦琐的流程完成对知识的交易，供给方和使用方的一对一交易模式降低了相关技术的传播效率，从而造成技术垄断，能力有限的中小企业在攻克技术难点时缺乏技术支持，使其自身发展受到阻碍。

（三）市场链不持续：传统供给模式对中小企业不够平等

尽管各级政府采取了一系列政策措施保障中小企业的发展机会和利益，但中小企业处于市场分工"两梢"的情况仍然是常态，对供应链的掌控力远不及大型企业。然而，市场链的完整性至关重要，任何一个关键环节的缺失对于整条链上的其他企业都会造成打击。相比中小微企业，大型企业缓冲空间较大，"免疫力"与"自愈力"无疑也较强，通过上下游协作的方式与众多中小微企业串联、并联起来，形成一个整体，在生产制造、提供社会服务的过程中互相支持、共同发展。在供应链中，上游为下游提供产品或服务，下游感知市场需求、向上游反馈信息，如果供应链上游的中小微企业陷入困境、周转不灵，无法按期提交"原材料"，那么这条链上所有的相关下游企业势必受到或大或小的影响。因此，急需利用新技术、新手段，以科学创新分工协作模式为方法，以价值增值为根本目的，构建供应链全链条信息资源汇聚共享平台，来抵消市场分工不平衡造成的不利影响，提升中小企业对供应链的掌控力，形成相互依存且相互制约的产业链条协同联动体系，促进生产及服务过程中企业、产业和区域之间的分工协作。

第三章
Chapter 3

数字化转型——中小企业包容性增长的必由之路

五、什么是数字化转型

（一）概念内涵

制造业数字化转型是产业数字化的重要方向。《中华人民共和国国民经济和社会发展第十四个五年规划和 2035 年远景目标纲要》中对产业数字化做出了清晰的描述，“深化研发设计、生产制造、经营管理、市场服务等环节的数字化应用，培育发展个性定制、柔性制造等新模式，加快产业园区数字化改造。”制造业数字化转型是利用新一代信息技术，加速数据的自动流动，实现制造业全要素、全产业链、全价值链的全面链接，推动制造业企业形态、生产方式等发生根本性变革的过程。制造业数字化转型既包括企业内部研发设计、生产制造、经营管理、运维服务等环节的数字化技术和工具的应用，也包括企业间产业链、供应链数字化协同及文化、教育、服务等制造业数字化生态构建。

数字化转型与传统信息化的主要区别在于，一方面，传统信息化的主要含义是“流程”的信息化，而数字化的主要含义是构建“业务数字化、数字资产化、资产服务化、服务业务化”闭环体系，通过数字化技术能力反哺业务，因此，信息化的主要负责部门是 IT 部门，而数字化的主要对象部门为业务部门，并且是“一把手”工程，须从企业领导人转型开始；另一方面，传统信息化关注更多的是人和流程，而数字化强调的是人、物理世界、数字世界的连通与联动，在数字世界构建一个三维数字空间，数字空间的数据和模型控制物理世界的实体，也就是产品的整个生产制造过程，最终服务于人，这是制造业数字化转型的核心。

（二）转型过程

如图 3-1 所示，推进制造业数字化转型可以形象地比喻为“育珠、串链、结网”三个过程。“育珠”即培育数字化企业，利用数字化手段重塑企业的业务模式、技术范式、组织方式和文化意识，降低企业研发设计、生产制造、经营管理、运维服务等过程中的不确定性，增强企业竞争力。“串链”即构建数字化产业链、供应链，增强产业链、供应链的弹性和韧性，抵御断链、移链等风险，保障可持续发展。“结网”即打造制造业数字化生态，通过建设数字化基础设施，提供全面的数字化配套服务，打造数字化集群，构建数字化网络生态，发展新模式、新业态。

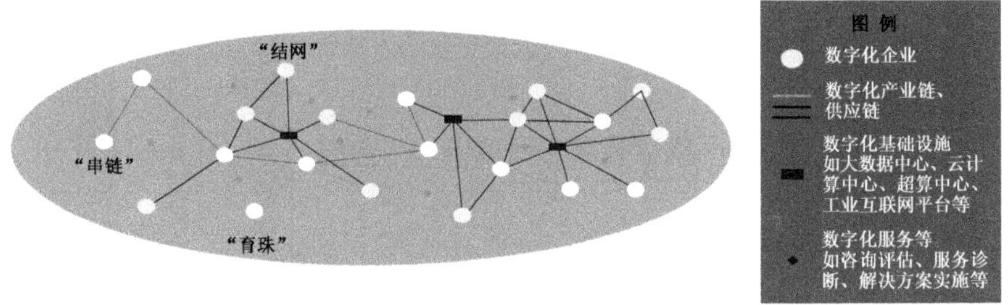

图 3-1　制造业数字化转型生态

1.“育珠”——培育数字化企业

企业数字化转型是制造业数字化转型的重要基石。企业生产和发展的根本目标是要实现可持续盈利。一方面，要坚持创新驱动，拓展新的价值增长点。美籍奥地利经济学家约瑟夫·熊彼特认为，所谓创新就是要“建立一种新的生产函数”，就是要把一种从来没有的关于生产要素和生产条件的“新组合”引进生产体系中去，包括引进新技术、引进新产品、开辟新市场、控制原材料或半成品的新的供应来源等。生产函数的变迁过程如

图 3-2 所示。在数字化时代，数据将成为新的生产要素，成为进入生产体系中的新变量，这将为企业带来新的业务经营模式和业务增长点。另一方面，要不断降低企业生产成本、管理成本、交易成本。数字化转型的过程，也是加快数字技术与企业研发设计、生产制造、经营管理、运维服务等环节深度融合的过程，通过构建数字化样机，实施智能制造，建设工业互联网平台，实现降低企业各类经营成本的目的。

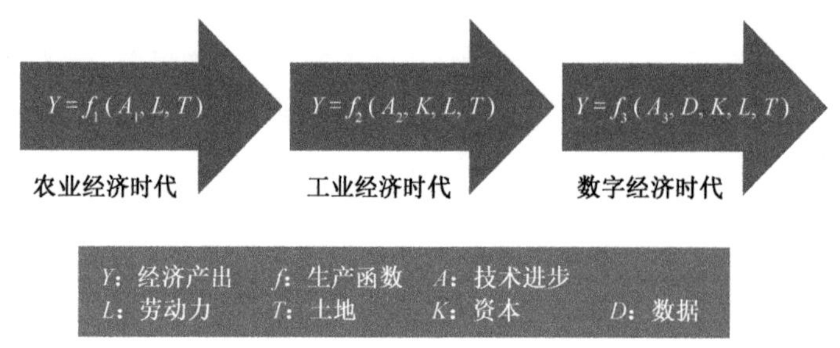

图 3-2　生产函数的变迁过程

2. "串链"——构建数字化供应链、产业链

在企业数字化转型的基础上，"串珠成链"，构建自主、完整并富有韧性和弹性的供应链、产业链，是制造业数字化转型的关键。一方面，要提升供应链数字化管理水平。将与供应链建设运行有关的数据形成有价值的资源，通过数字化运营进行精准分析、科学决策，提供最优化方案。积累沉淀形成数据资产，提升数字化供应链创新能力和价值。德勤报告（2019）显示，80%的企业认为数字供应链在未来五年将占据主导地位，16%的企业认为数字供应链已经占据统治地位。另一方面，要加强产业链数字化配套升级。通过优化产业结构布局，推进数字化供应链的创新与应用，突破产业边界与上下游的产业进行融合，强化产业协作、风险预警与应急处理能力，形成更灵活和稳定的产业链。

3. “结网”——打造数字化生态

在数字化供应链、产业链基础上，“织链结网”，构建数字化生态。数字化生态建设是制造业数字化转型的重要保障。数字化生态需要各级政府、企业、科研院所、消费者等利益相关方共同打造，以数字化企业为主体，发挥数字化基础设施的枢纽作用，汇聚数字化生态建设参与者各方物质、资金、信息、人才等要素流通的核心数据，通过数字化、网络化、智能化的技术和服务手段，驱动数据资源在利益相关方之间形成闭环流动。加强数据、流程、组织和技术等要素的协同创新，全面推进数字化转型升级。

（三）转型维度

培育满足市场需求和行业发展的核心业务是企业生存发展的关键。数字化时代需要企业时刻保持更加敏锐的嗅觉与洞察力，保持资源要素配置的弹性和敏捷度，加速传统业务的“因势而变”和新业务的“顺势而为”，弥合快速变化的外部环境带来的“盈利鸿沟”。这需要企业组织方式和技术范式更加灵活和适配，更需要企业在文化意识上形成强大的“向心力”，确保行动上的一致性。如图 3-3 所示为企业的“业务为基、技术为翼、组织为骨、文化为魂”的转型体系。

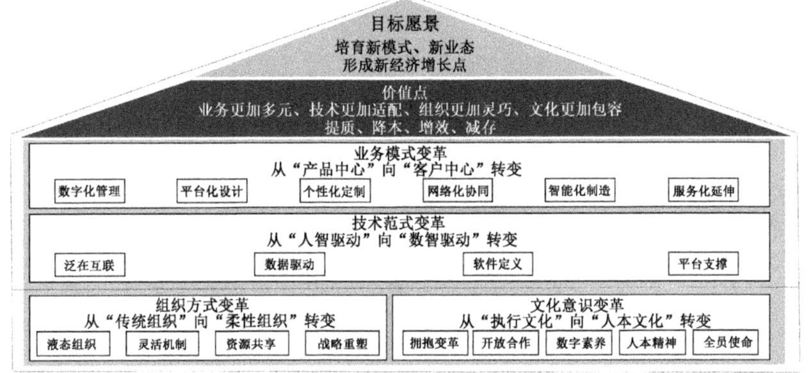

图 3-3　企业的“业务为基、技术为翼、组织为骨、文化为魂”的转型体系

1. 业务模式：从“产品中心”向“客户中心”转变

在传统封闭的工业技术体系下，制造业商业价值的创造以产品为中心，关注产品质量和制造效率的提升。随着商业模式向平台化、共享型转变，产品和服务的内在逻辑也在发生变化，“产品即服务、服务即产品”的模式更加凸显。在传统业务模式中，往往只有最终的销售环节面向客户。市场对于产品多样化、个性化需求的提升，要求企业实时洞察、满足客户需求，为客户提供积极的体验，并以客户的视角来看待并优化整个业务，加速从“以产品为中心”转向“以客户为中心”，从规模化转向个性化。这将倒逼企业从产品“运营商”转变为客户“运营商”，从交付产品模式向运营产品模式转变，为客户参与产品的设计、生产、制造、服务等全生命周期打造良好的体验环境，提升产品的内生力，提高客户黏性和忠诚度，进而增强企业利润。如图 3-4 所示，业务模式的变革是企业开展数字化转型的出发点和落脚点，是数字化转型价值的直接体现。

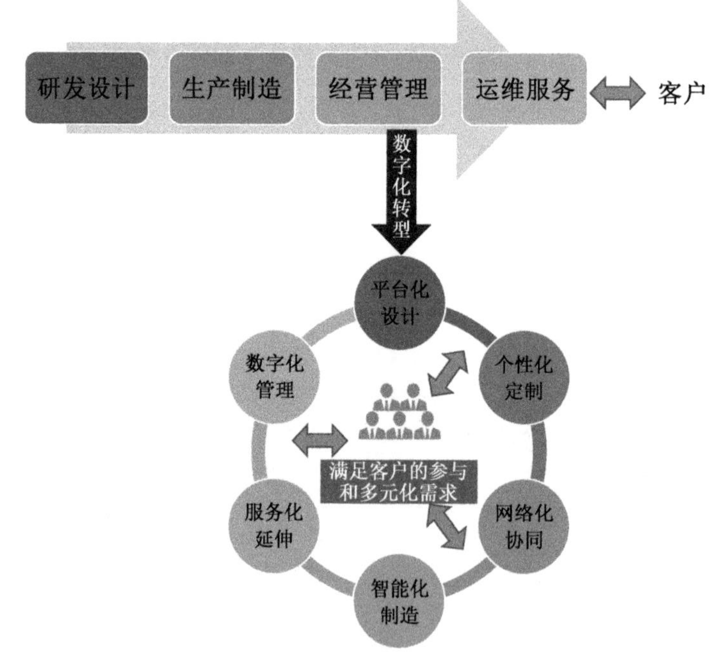

图 3-4　业务模式的变革

数字化管理。如何通过数字化手段创新业务管理模式、提升产品和服务的质量、打造极致的客户体验，是数字化时代每个企业都需要解决的问题。企业基于对生产运营中产生的数据进行挖掘和利用，将自身业务通过数字化手段呈现、优化和管理，为企业的战略决策、运营管理、市场服务等业务活动提供指导，提升企业精准服务的能力和行业竞争力，成为企业培育新模式、新业态的强大引擎。

平台化设计。平台化是一种实现连接和共享的架构方式，是提升研发设计效率和质量的有效手段。通过运用云计算、数字孪生等技术，将产品在物理空间的信息进行数字化、可视化表达，模拟分析产品在不同工况下的状态，得到对应的参数数据，并通过平台企业整合供需双方和设计资源，开展集成化、轻量化、协同化、敏捷化设计，基于实验数据对物理实体的孪生预测，大幅降低企业试错成本，推进新技术产业化和新产品落地。

个性化定制。面对更加多样化、个性化及快速变化的客户需求，通过客户交互定制平台和资源平台为客户提供个性化定制体验，推进敏捷开发、柔性制造、精准交付等模式，增强客户全流程参与度，提升客户体验满意度。利用互联网精准对接客户个性化需求这一特点，实现企业研发、生产、服务和商业模式之间的数据贯通，促进供给与需求的精准匹配，实现制造企业和客户价值的共同创造。

网络化协同。随着产品分工日益细化，产品复杂程度不断提升，业务集成的广度和深度大幅拓展，仅依靠单个企业、单个部门难以也无法覆盖企业的业务创新和生产活动。通过网络化平台整合分散的生产、供应链和销售资源，实现跨部门、跨层级的业务互联与分工合作，推动生产方式由线性链式向网络协同转变，促进企业资源共享、业务优化和效率提升。

智能化制造。以数字化为核心，以数据驱动为基础，采用智能化手段突破生产制造中的瓶颈问题。利用生产制造环节的自感知、自学习、自决策、自执行、自适应，对生产现场“人机料法环”多源异构数据的全面采集和深度分析，发现并消除导致效率瓶颈与产品缺陷的深层次原因，减少制造过程中的不确定性，不断提高生产效率及产品质量，实现提质、降本、降耗、增效。

服务化延伸。企业依托平台实现对产品售后使用环节的数据打通，深度挖掘工业数据及其背后的价值，探索基于产品使用行为的大数据分析、产品增值服务、产品远程运维等新型业务模式，实现从“产品”到“产品+服务”的转变，同时依靠用户数据驱动产品的持续优化变革，实现企业沿价值链向高附加值环节的延伸。

2. 技术范式：从“人智驱动”向“数智驱动”转变

数字化技术促进了人与物、物与物、人与人之间的连接，突破了传统物理层面的连接方式和数量限制，泛在连接和跨域协作形成了海量的数据资产。数据作为新的生产要素将为企业的生产、组织和运营带来新的价值。基于对海量工业数据的采集、分析、治理及共享，并综合大数据、云计算、数字孪生等技术积累的专家经验、建立的知识库、沉淀的工艺机理模型，推动生产决策从“人智”不断发展为机器“辅智”“混智”，并向“数智”演进，提升资源优化配置效率（见图 3-5）。技术范式的转型变革主要表现为以下方向。

泛在互联。依靠低成本的传感器网络，建立全面、实时、高效的数据采集体系，提升异构工业数据的网络互通能力，支撑多元工业数据的采集，实现企业对工业现场“哑设备、哑岗位”的数字化改造，推动工业设备跨协议互通、跨设备互联、跨域进程互理解，实现数字化转型背景下的全要素全面链接。

数据驱动。通过生产经营等各流程数据的自由流动，实现科学决策和对资源配置的优化，从而达到全要素生产率提高的目的。在数据接入层、传输层、存储处理层和业务分析层，需要具备较为全面的数据运算、分析、统计、展现功能的集成化软硬件工具，以数据驱动企业的创新、生产和决策。

模式	定义	感知	分析	决策	执行
人智	企业运用数字孪生、大数据等信息技术，不断将工艺知识、工业经验、机理模型等进行数字化沉淀，充分实现物理空间在信息空间的映射，但仍然依赖人进行决策	通过传感器、RFID等方式采集数据	通过上下限、坏值剔除等方式进行数据筛选，转换成有逻辑的信息并展示，人基于经验和机器状态进行决策		人操作机器、软件等执行
		机器 人	数据	人	机器 人
辅智	企业建立知识库、专家系统等，机器基于数据分析模型，识别出未知问题，提示人进行决策	面向已知问题的数据采集	建立知识库、专家系统等，机器基于已有的知识进行决策处理，并通过数据分析模型等对未知问题进行识别，提示人进行处理		已知问题由机器自动执行，未知问题由人操作机器控制
		机器 人	数据	人	机器 人
混智	企业建立机理模型、数据分析模型及模型间的关系，机器对未知问题给出决策建议	以需求为导向的数据采集，异构数据融合	建立机理模型、数据分析模型及模型间的关系，个体模型能在信息空间进行协作；已知问题由机器基于知识库决策处理，未知问题由机器基于模型给出建议，实现人机协同		已知问题由机器自动执行，未知问题由人驱动机器共同执行
		机器 人	数据	人	机器 人
数智	企业建立高级分析模型，进行多对象、多目标分析，机器能够自主处理未知问题	基于业务需求，自主调整数据采集的数量、频率、内容	建立高级分析模型，模型间通过特征关联、协同推演等方式进行多对象、多目标分析；已知问题由机器基于知识库决策处理，未知问题由机器根据物理空间的变化自主处理		已知问题由机器自动执行，未知问题由机器自动控制
		机器	数据	人	机器 人

图 3-5　技术范式变革

软件定义。软件是构建数据自由流动的规则体系。软件定义的核心是实现“硬件资源的软件化”，提升资源的弹性和灵活性。同时，软件定义打破了传统的生产流程，通过重构虚拟制造空间，实现研发、设计、仿真、实验、制造、服务全流程在虚拟空间的运行，推动制造过程快速迭代、持续优化和效率提升。

平台支撑。平台是连接多方参与的信息服务共享载体，是全要素连接的枢纽，是资源配置的核心。通过平台承载数字化模型和工业 App，企业可以更高效地实现工业知识的沉淀、传播、复用和价值创造，拓展竞争新赛道，布局产业新方向，整合平台生态资源，实现更广泛、更深层次的价值网络拓展。

3. 组织方式：从“传统组织”向“柔性组织”转变

新业务和新技术的创新实现，需要对组织结构、人员结构和行为方式等做出相应调整，以支撑新业务、新技术的应用落地。如图 3-6 所示为组织方式转型变革情况。传统的“层级式”组织架构，信息从上至下传递效率低，很难适应快节奏的市场变化及客户对于生产全流程参与的需求。数字化时代，信息的传递更需要“广播式”，每个人都可以成为信息发布的节点，这需要管理者构建新型组织方式为员工提供开放共享、沟通协作的平台，减少信息壁垒，实现降本增效。

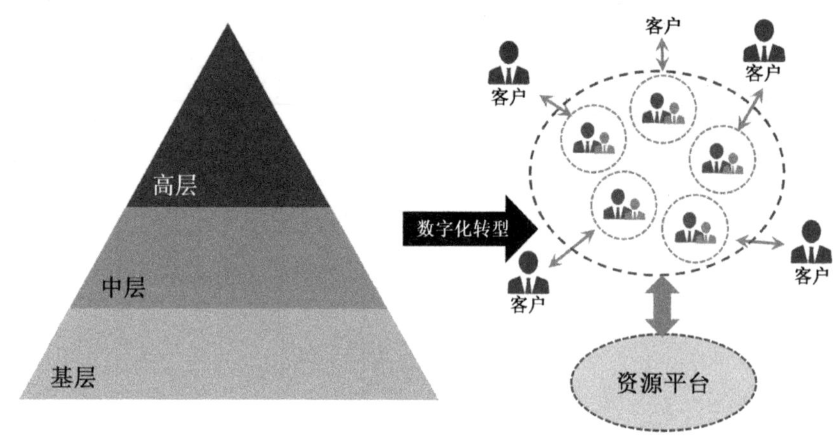

图 3-6　组织方式转型变革情况

组织方式的转型变革主要表现为以下方向。

液态组织。液态组织是一种能够自我组织、自我适应的组织形态，在液态组织中，每个员工都是组织网络上的一个节点，带动企业资源围绕市场变化和客户需求而不断改变自己的组织和驱动方式，提高企业快速响应外部环境变化的敏捷性。液态组织的持续动力不是利益而是思想，企业将从管理走向治理，从以流程为核心，追求有序和高效，走向以人为本，关注成长的动力和可持续性。

灵活机制。高效灵活是企业内部组织结构变革的关键目标。管理者需要提供更加灵活的管理制度，按照业务板块来划分组织，形成小巧灵动的“特种部队”，绑定职能部门与业务团队的业绩关系，激发组织协同，激励每位员工主动参与经营，更快地响应市场、响应产品，更充分地利用有限的资源，从而创造更大的价值，降低运行成本，提高运行效率和效益。

资源共享。企业将工艺、知识、创意等技术能力资源以数字化形态置于企业的资源平台中，形成可以共享的资源库，汇聚知识基础、沉淀核心能力、发挥知识洞察价值，服务于每个“节点员工”、每支“特种部队”，加速技术成果的产业化。同时聚集技术团队和需求方于同一平台，把共享资源可视化、可量化、可交易化，使共享平台有效运转，助力企业长期经营，同时提升孵化培育能力。

战略重塑。在要素资源配置更加灵活的趋势下，“闭门造车”将会错失用户，进而无法生存。企业管理者需要树立与客户共同定义新产品、与客户共同创造新业务、与客户共享新价值的企业经营战略，利用灵活的组织和平台资源围绕企业战略自组织、自涌现，让客户需求直达产品研发、设计、生产和服务的创造过程，用企业能力满足用户需求，为用户创造新价值。

4. 文化意识：从“执行文化”向“人本文化”转变

彼得·德鲁克有一句名言：“文化能把战略当早餐一样吃掉。”法国凯捷咨询公司曾对 8 个国家 340 家企业中的 1700 名经理人进行调研，结果显示，62%的受访者认为企业文化是数字化转型的第一障碍，由此可见企业文化在数字化转型中的重要性和建设难度。传统的数字化转型更看重技术、管理等，而忽视了企业运行的基础要素“人”在数字化转型中发挥的重要作用。企业从上至下推行数字化理念，最终的目标是培养企业全员从数字化角度思考问题、用数字化工具解决问题的逻辑，形成企业的数字化文化。企业文化意识的转型变革主要表现为以下方面。

拥抱变革。企业进行数字化转型的目的就是以高效灵活的战略、组织和运营应对时代的不确定性，这就需要整个组织具备拥抱变革的精神和勇气。在数字化转型过程中，最难的不是具体技术的应用，而是对现有组织、流程、习惯、利益进行变革时存在的困难。数字化转型是企业提升自身竞争力、实现更好发展的必由之路，企业全员一定要从企业大局出发，从企业长远发展出发，培养拥抱变革的文化。

开放合作。在企业内部，要形成真诚、开放、合作的企业文化，通过共同努力，创造更有竞争力的产品和服务，从而提升企业竞争力。在企业外部，也要发扬开放合作精神，与客户和上下游合作伙伴紧密合作，共建和谐共生的生态圈，构建富有竞争力和可持续发展的商业模式，为社会的繁荣、进步，为数字经济的蓬勃发展，做出应有的贡献。

数字素养。数据已成为数字经济时代的关键生产要素，算法也成为一种新型生产力。在推进数字化转型的过程中，除重视数据外，还要提升全员数字素养，在数字优先和数据驱动决策的理念下，充分利用数字化手段和方法，有效地发现、获取、利用数据，优化和提升制造与服务效率、质量。例如，通过数字孪生技术，在虚拟环境中进行设计、优化产品与管理，减少物理世界中因反复试验而造成的物质和时间浪费。

人本精神。人是企业数字化转型的设计者和执行者，是企业文化的核心，也是事关企业数字化转型成功与否的决定性因素。如果仅仅停留在"机器换人"角度、停留在人工智能等纯技术环节，而没有帮助、激发"人"这个企业中最具价值的主体，就会本末倒置，数字化转型将很难取得理想的实施效果。树立以人为核心、机器服务于人的意识，合理利用自动化、数字化、网络化、智能化等技术手段，解放人的体力与脑力，赋能与拓展人的能力，发挥协同优势，促进人与企业的创新。

全员使命。企业全体员工需要对数字化转型的意义有深刻的认识和充分的理解，数字化转型绝非仅是企业领导层或信息化部门的事情，需要全员的共同努力，只有全员深刻理解数字化转型的重大意义并在日常工作中认真践行、群策群力，才能成功实现企业数字化转型。

（四）转型原则

如图 3-7 所示为制造业数字化转型原则的基本架构。

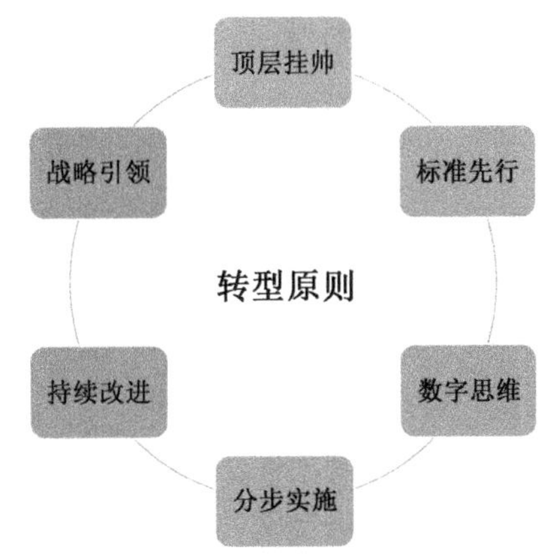

图 3-7　制造业数字化转型原则的基本架构

1. 战略引领：数字化转型不是可选题，而是必选题

疫情期间，在传统业务受到极大冲击而被迫按下“暂停键”时，企业全面数字化转型却按下“快进键”。疫情下实现业务增长的要么是“数字化原住民企业”，要么是“数字化新移民企业”，而“数字化贫民企业”则束手无策甚至面临被迫倒闭的困境。越来越多的制造企业直观、深切地感受到数字化转型带来的利好，不再踌躇于“要不要”转型，更加深入思考“转什么”“怎么转”。数字化转型不能只停留在技术手段上的改进，而要上升为在关乎企业未来生存发展的经营战略层面上进行部署，以数字化转型战略引领企业转型升级。

2. 顶层挂帅：数字化转型需要坚持“一把手”工程

数字化转型是企业战略层面的转型，这就从客观上需要企业“一把手”从整个企业发展角度进行取舍，不可能交由执行层“越俎代庖”。同时，数字化转型涉及组织、流程、业务、部门协作等一系列变革，涉及员工思想转变、管理优化、利益再分配等方方面面，没有“一把手”强有力的支持，只依靠业务部门进行工作，往往是举步维艰，最终是无疾而终、归于失败。

更为重要的是，数字化转型实际上是“一把手”的一场自我革命，“一把手”要有自我否定的勇气，摒弃路径依赖，重塑对企业发展与生存的认知。

3. 标准先行：数字化转型第一要务是实现标准化

国家层面，标准上的持续高速突破为我国实现3G跟跑、4G并跑、5G领跑奠定了坚实的基础。同样的经验也适用于数字化时代。通过术语定义、参考架构、评估模型等基础性标准的规范，新概念和新技术才能得以真正实施，凝聚行业共识形成合力加速数字化转型，避免出现“先乱后治”的发展怪圈。企业层面，在着手实施数字化改造之前，需要企业在内部率先完成标准化，编制一套企业内部数据字典，建立统一的数据标准体系，为实现企业内各类数据的互联、互通、互理解提供保障。

4. 数字思维：比“机器换人”更重要的是“数字换脑”

数字化转型不是简单的“机器换人”，技术赋能不等于技术万能。不能盲目追求新技术、新设备、新模式的应用，只是为了数字化而数字化、为了转而转。任何再智能、再先进的技术和手段归根结底都是服务于人的需求的。麦肯锡研究报告显示，一般企业数字化转型失败率达80%，其中，文化是企业认为影响数字化转型有效性的最大障碍。企业须高度重视全员数字化素养的培育，把数字优先思想贯穿到企业精神文化、制度文化和物质文化建设的全过程，激发全员在面对实际问题时，从“能用、会用”向“想用、爱用”数字化手段的能动性转变。

5. 分步实施：数字化转型需要分阶段“私人定制”

数字化转型没有针对所有行业和企业的“标准答案”，每家企业在数字化进程中都需要探索属于自己的转型之路。在实施转型前，企业首先要拥有顶层战略规划和长远清晰的转型目标，而在制订具体的转型路线和实施计划的过程中，更需要企业结合自身发展情况，以及在数字化转型中遇到的难点痛点作为转型切入点，个性化地制订适合企业和行业特点的数字化转型实施计划。在转型过程中，企业分阶段推进数字化转型计划。在实施过程中，不断对路线图进行优化和完善，从而由点及面地推行企业数字化转型。

6. 持续改进：数字化转型只有进行时，没有完成时

数字化转型不是一个短期上线的实施项目，而是一个持续迭代的系统工程。由于行业属性、企业规模和数字化基础等因素不同，不同企业可能处于数字化转型的不同阶段，但都须不断进行“目标—方案—执行—改进”的循环往复。数字化转型虽是一条曲折崎岖的道路，但也是一条越走越宽、越走越平坦的道路。数字化转型也并非想象中那么难，不是推倒之前的投入从头开始，企业正在做的一切有关智能制造、工业互联网、“两化”融合的实践，只要能够有利于提质、降本、增效、减存，为客户创造价值，为企业带来新的经济增长点，都是数字化转型的践行。

（五）进阶实践

企业数字化转型路径既非一蹴而就也非千篇一律，而是有规律可循的。综合大量行业数字化转型的实践案例，本节归纳出制造业企业数字化转型基础通用的单点应用、局部优化、体系融合、生态重构四个层面的实践路径，并在业务模式、技术范式、组织方式、文化意识、执行动力五个转型维度提炼了其中具有通用性、普适性的关键能力要素，结合转型驱动的不同执行原动力，构建了制造业数字化转型的通用能力“海星”象限图（见图 3-8）。值得注意的是，数字化转型的四个层面之间并非互相隔离的，而是存在应用基础、交叉和升级关系的。

制造业数字化转型通用能力“海星”象限，旨在帮助开展不同转型实践的企业精准定位自身数字化转型能力的发展状态，明确转型提升的具体

发展方向和进阶路径，企业可以对照自身在数字化转型过程中达到的能力状态，判断自身数字化转型的综合水平，并明确下一步提升的具体方向和路径。同时，在实践中不断提升转型认识、明确转型目标，增强企业数字化战略推进的信心，定制适合企业自身发展的“专属”转型之路。

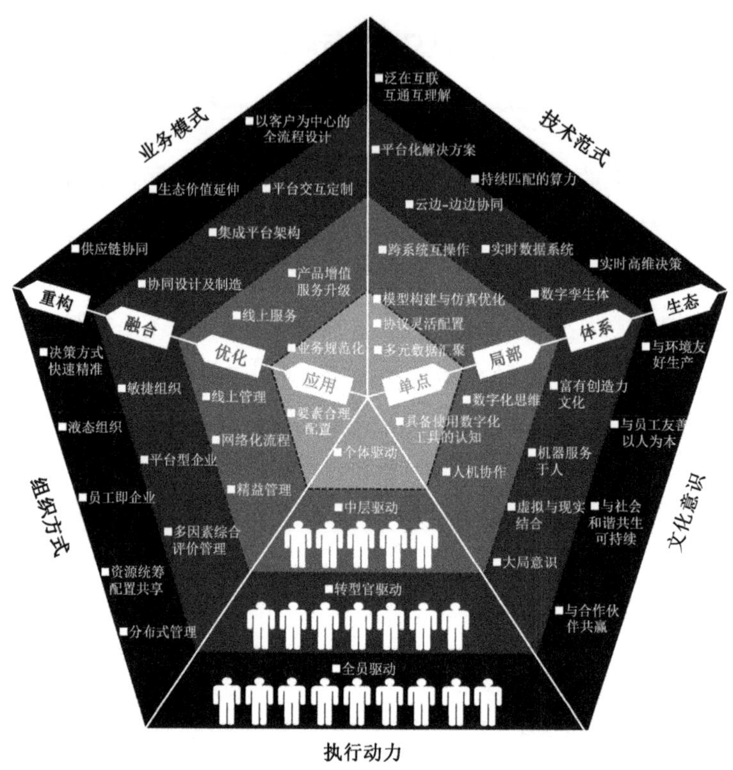

图 3-8　制造业数字化转型通用能力“海星”象限

进阶实践可以指导企业转型的发展方向，落地实施还需要形成具体的、可执行的数字化转型建设方案，将理论与方法转化成切实的业务价值，从而帮助制造业企业实现数字化转型的价值目标。本节结合制造业企业发展现状及未来趋势，在每个进阶实践部分都梳理总结行业典型的转型实施成功案例，为企业在寻求适合自身发展的数字化转型进阶路径上提供实施性参考。

1. 单点应用——“数字化投入如何快速给我带来收益？”

1）实践描述

单点应用的目标是实现企业关键业务环节的数字化表达，关注点在于通过数字化工具和设备投入，实现某一环节的数据汇聚和互联互通互操作，基于数据解决实际遇到的单点问题。

单点应用的主要特征体现在企业研发设计、生产制造、经营管理、运维服务等环节的数字化实践应用。单点应用的突破点需要抽象出高频重复、成本低、收益大且相对独立的业务场景，把握数据这一核心驱动要素，从采集、汇聚、分析到沉淀，将数据的价值融合到企业关键环节活动中，从流程驱动转向数据驱动。单点应用对于数字化能力基础薄弱或数字化资金投入能力有限的企业，能够帮助其在短期内投入最小成本并收获较大价值，带来明显收益或困境改观。

2）能力要素

单点应用转型实践在“海星”象限中的数字化能力要素主要体现在以下五个维度。

业务域。结合公司战略要求，在研发、生产、销售、供应链（采购、仓储、物流）、设备、质量、安全和环保等环节实施数字化改造，加强运营精细化管理，减少重复、提升效率，利用数字化方法实现业务流程化、行为标准化、控制过程化、决策程序化，推动业务规范化建设。

技术域。通过多元数据汇聚、协议灵活配置、数字化建模仿真等赋能技术，实现关键环节业务生产线的自动化改造，把握数据对生产运营中关键环节的重要作用，实现关键业务线数据实时采集与互联互通、产品的数字化设计和生产服务等。

组织域。尝试在各部门的职能范围内实现岗位调整、清晰权责、职权优化与业务匹配高效运行，实现组织优化重组、要素合理配置。推动管理指标数据化、措施具体化、考核定量化，奖惩有依据，实现规范化管理。

文化域。以企业生产经营中关键环节的数字化单点应用实践为契机，提升此环节相关人员的数字化基本认知及对数字化工具和设备的使用能力，逐步养成使用数字化方法的工作习惯，进而实现企业内部更大范围人员的数字素养的提升。

执行域。该阶段以企业部分员工个体实践为主要驱动，员工在处理具体问题时，考虑尝试或已熟练使用数字化手段优化组织、技术、业务等环节，解决实际问题。

2. 局部优化——“我的企业还有哪些环节需要进行数字化改造？”

1）实践描述

开展局部优化的目标是借助数字化的手段，将过去局限于某个设备、系统或业务环节的数据进行系统性集成管理，打破信息孤岛，实现跨部门、跨系统和跨业务环节的集成优化，从而达到降本增效的目的。

局部优化以企业关键业务为核心，实现相关多业务环节和流程系统的集成。基于关键设备和业务系统的数据集成共享，开展业务流程设计优化和组织架构调整，形成数据驱动的系统建设、集成、运维和持续改进机制。局部优化对传统的已建立的规则发起挑战，是数字化新方案对既有方案的改造升级。局部优化有助于具备一定数字化基础的企业进一步深入开展业务数字化、积累数字化实践经验，为企业的全面数字化奠定坚实基础。

2）能力要素

局部优化转型实践在“海星”象限中的数字化能力要素主要体现在以下五个维度。

业务域。对整个业务流程进行数字化打通，以客户需求为导向，提升产品增值服务品质、拓展延伸服务价值链，实现线上线下服务协同，为公司业务的转型升级提供新模式、发展新业态。

技术域。利用模型构建、仿真优化、能力输出、数据融合的科学管理和 MES、ERP、PLM 等系统，通过数据跨系统自由流动完成各体系互操作数字化发展，破除“部门墙”“数据篱”“流程挡”，实现跨部门的系统互通、数据互联，全面打通数据孤岛，实现系统的集成发展。

组织域。推动公司利用线上管理系统，通过管理信息数据的汇聚和流通，实现网络化组织管理流程。配合业务流程的打通和技术系统的集成，优化组织方式和结构，实现快速、高效的精益管理模式。

文化域。通过企业数字化系统集成，进一步加深员工对数字化的理解，逐步增强员工在工作实践中的数字化思维，提升利用数字化方法解决问题的能力，初步达到人机协作的生产经营状态。

执行域。该阶段以企业内中层管理人员组织实践为主要动力，中层管理人员对某条业务线或某一领域进行数字化改造，推动以系统集成为特征的局部优化落地实践。

3. 体系融合——“所有业务都值得采用数字化手段升级一遍！”

1）实践描述

开展体系融合的目的是通过工业互联网平台汇集各要素资源，形成支撑能力，关注点在于平台建设，以实现企业全链条业务的优化和协同共享。

体系融合体现在多个环节的协同优化上，数字技术应用深入整个企业生产经营全过程，行业级工业互联网平台在此阶段涌现。平台作为该阶段数字化转型的关键基础设施，一方面将管理知识、工艺原理、专家经验等沉淀封装形成可复用、可移植的微服务组件、工业 App，并结合海量数据分析和决策优化，实现原理模型结合数据科学的智能化，突破原有知识边界和封闭知识体系，带来新的知识；另一方面通过人、机、物的全面互联，打通企业研发设计、生产、供应、销售、服务等各个业务环节，实现各方面资源要素的链接与整合，推动资源的高效配置与内外部的协同优化。体系融合对于数字化基础能力较好的平台型企业，是实现全链条业务协同的重要方式。

2）能力要素

体系融合转型实践在“海星”象限中的数字化能力要素主要体现在以下五个维度。

业务域。根据为客户创造价值的公司发展愿景，在平台交互定制、协同设计制造等方面夯实平台功能的全面运用，着力实现所有设备资产、生产过程、管理运营和商业活动等所有业务线的融合贯通。

技术域。深入应用云计算、大数据、物联网、数字孪生等赋能技术，构建工业互联网平台，实现全业务链条数据的互联互通互理解、发展研发、生产、制造、运营及服务的云边协同、边边协同的应用模式，形成平台化解决方案。

组织域。在企业各层面实现岗位优化与专业化整合，构建设计研发质量、生产经营效益等多因素综合评价管理体系，实现灵活快速、持续优化的敏捷型组织架构，推进企业向平台型企业进行转型。

文化域。实现企业数字素养的进一步夯实和富有创造力文化建设的形成。通过虚拟与现实结合的方式提升员工数字化思考能力，深化机器服务于人的理念，达到文化意识与生产力的高度融合促进。

执行域。该阶段以企业内专门负责数字化转型的管理者（转型官）为主要动力，推动以平台赋能为特征的体系融合落地实践。

4. 生态重构——“我未来将是一家什么样的企业？”

1）实践描述

生态重构的目标在于依托工业互联网平台等各类创新载体，打通企业内部、供应链、产业链上下游的信息链、创新链、价值链，实现企业与企业间泛在互联、深度协同、弹性供给、高效配置，开辟多种新型合作路径和商业模式，建立一致价值观企业生态群。重点关注产业生态价值的延伸创造和与合作伙伴和谐共生的可持续发展文化理念。

不断涌现的新技术和新商业模式颠覆了原有的企业竞争格局，企业的持续发展正从竞争逻辑向共生逻辑转变，从单打独斗向合作共进、合作共享、合作共赢的新生态转型。不断挖掘自身优势，转变发展方式，变革发展生态，形成在产业链、供应链中具有价值的独特定位，是企业通过数字化转型拥抱变革、应对环境复杂性和不确定性的发展根本。在产业层面，政府（链长）发挥主导和带动作用；大型企业（链主）以雄厚的实力和资源控制能力搭建生态平台，吸引企业聚集，在生态内发挥调控作用；中小企业充分发挥自身专业化程度高和协作能力强的优势，激发市场活性，广泛参与分工，充分发挥企业主体作用，形成高效的产业生态运行模式，打造有机协同、优势互补、合作共赢、持续发展的健康生态。

2）能力要素

生态重构转型实践在“海星”象限中的数字化能力要素主要体现在以下五个维度。

业务域。以场景化解决方案为撬动的支点，通过对行业的深度理解，提炼行业共性，形成基于痛点需求的全局性创新业务模式，实现以客户为中心的全流程设计，供应链上下游弹性协同，生态价值不断延伸。

技术域。充分释放大数据、云计算、物联网、人工智能等新一代信息技术的基础赋能作用，实现人、物、信息的全方位多层次泛在互联互通互理解。持续匹配的算力提升了数据之间的贯通性、场景之间的连通性及价值的互通性，实现实时高维决策，进而打破行业的传统边界。

组织域。重塑企业转型战略，通过构建敏捷型、扁平化的组织结构，实现分布式管理，平台赋能统筹配置优势资源，形成个体及团队自驱动、自组织的管理生态，以支持快速精准的决策方式。

文化域。建立与环境友好生产、与社会和谐共生的绿色健康生态，构建企业友善的员工关系，鼓励个人价值与企业价值的共同实现，拥抱不确定性，以数字素养为基础，打造以人为本、开放合作的企业文化。

执行域。该阶段以企业全部员工自发积极拥抱数字化为主要驱动，发挥每位员工的数字化能动性，每位员工都将成为企业价值文化的践行者与传播者，企业形态与属性将被重新定义。

六、数字化转型推动包容性增长的机理

（一）提升供给：促进资源要素平等享用

增加供给主体。伴随数字化浪潮，新业态、新模式不断涌现，新兴数字平台降低中小企业参与门槛，催生大量中小企业。这些新供给主体有差异化竞争的强烈愿望，敢于承担风险，大胆创新产品和服务，致力于提高消费者体验，通过更灵活的商业模式、更丰富的业态形式，提供品质更高、体验更佳、服务更便捷的产品和服务，打破传统市场格局，促进市场竞争。

优化供给方式。工业时代，国家的经济社会运行基础是传统生产要素；进入数字时代，数据催生新产品、新业态、新模式。各国纷纷将数字经济视为实现经济复苏和可持续发展的关键依托。数据是畅通数字经济循环的“血液”，数据的流通和利用是数字经济发展的重要动能。通过分析和应用大数据，数据要素价值被不断挖掘，有利于提高资源配置效率和生产效率；同时，围绕数据从创造、收集、加工到应用延伸形成新的产业链，能有效促进数字经济的专业化分工，提升全要素生产率。

提升供给质量。过去，供需结构错配是经济运行中较为突出的矛盾，突出表现为无效和低端的供给过多，有效供给和中高端供给不足。高科技特别是数字技术带来创新空间，在与场景结合的过程中出现大量替代型产业和业态，特别是大数据、人工智能等技术的应用和工业互联网的发展，使得大范围、多样化、个性化、高端化定制成为可能。适应供给侧结构性改革和消费升级的需求，企业应用新技术加快数字化转型，加大产品和服务创新，给用户带来更好的体验和更高的效率，提升产业整体供给水平。

提高供给效率。在线协同正在取代工业时代基于封闭体系的命令传导，成为数字经济的基本合作范式。基于数字化转型，通过线上或线上线下相结合的方式提供服务，不受场地、距离、时间的限制，具有很大的便利性，节省了资金和时间成本。尤其是在疫情的背景下，在物理空间流动性受限的情况下，在线成为“必选项”，通过线上线下协同，提供大量碎片化的场景和就业机会，使得交易成本不断下降，市场活力得以保持和持续激发。

（二）扩大需求：加速培育经济新增长点

以创新促需求。疫情下我国社会的数字化进程加速，形成了平台经济、服务经济、共享经济等多元化的创新业态，为经济发展注入了新动能。一是平台经济发挥乘数效应。平台经济作为生产力的新组织方式，在疫情常态化防控期间发挥了重要作用。数字平台充分发挥自身技术应用、资源调动能力，开发 AI 诊断、健康码、企业复工平台等应用，助力疫情防控和复工复产，并在实现精准对接供求双方、提升产业效能方面发挥了乘数效应。二是服务经济壮大现代服务业。受疫情影响，传统服务业受到较大冲击，线上化渠道为服务业提供了新的发展窗口。网上外卖、线上教育、在线诊疗、远程办公、跑腿闪送等个人和企业数字化服务竞相出现，在解中小企业“疫情之困”的同时，也为服务业的数字化发展提供了助力。三是共享经济推动新用工模式。根据国家信息中心分享经济研究中心发布的《中国共享经济发展报告（2020）》数据，2019 年我国共享经济市场交易规模为 32828 亿元，比上年增长 11.6%，共享经济参与者人数约 8 亿人，参与提供服务者人数约 7800 万，同比增长 4%。在受疫情影响的 2020 年上半年，共享经济表现突出，以共享医疗、共享用工为代表的新共享模式发展迅猛，在推动数字服务消费和稳定就业等方面发挥了积极作用。

以融合强需求。数字经济与传统产业加速融合，各行业的数字化转型速度大大加快。一是线上化迁移进程提速。疫情带来的生产运营和复工复产挑战，按下了传统产业数字化转型升级的加速键。百万企业通过上云端、线上卖、用软件等方式开展生产经营活动，在迈出数字化转型步伐的同时也拉开了产业互联网快速发展的大幕。二是数字技术应用程度加深。在疫情外力和产业升级内需的双重作用下，大数据、云计算、物联网、人工智能等数字技术与产业融合的步伐逐步加快，个性化定制、柔性生产、数字孪生、无人仓储等智能制造和智慧物流产业逐步成长。三是平台效能进一步凸显。工业互联网平台在助力制造业企业精准排产、转产及生产智能化改造等方面发挥了重要作用。

以消费增需求。在疫情防控期间，各类线上消费、新型消费发展迅猛，极大促进了消费回补和消费升级，并为激活国内消费市场内循环提供了重要的支撑力。一是有力促进疫情后的消费回暖。电商平台与地方政府联合发放各种形式的电子消费券，通过补贴用户激活线上线下消费；商务部等部门组织电商平台开展线上“双品网购节”，带动同期全国网络零售额超过4300亿元，疫情下被抑制的消费需求得到有效释放。二是加速推动形成国内消费市场内循环。直播电商等新消费模式发展势头强劲，成为激活消费的重要抓手。中国互联网络信息中心（CNNIC）发布的第46次《中国互联网络发展状况统计报告》显示，截至2020年6月底，直播电商、跨境电商用户规模分别达3.09亿和1.38亿。其中，直播电商和二手电商在降低线上买卖门槛、推动闲置经济发展等方面发挥了积极作用，成为“地摊经济”的线上版本；跨境电商在带动消费升级、促进消费回流方面发挥重要作用。

（三）营造生态：构建透明市场竞争环境

促进更公平的市场竞争。传统制造行业具有“赢者通吃”的特征，大型龙头企业往往利用技术、市场和数据垄断优势，阻碍公平竞争，获取巨额收益。数字化转型涵盖技术、管理等多个层面的知识和经验，能够助力企业提升业务能力和核心竞争力，在不断变化的市场环境中寻求生机。在疫情的大背景下，部分企业及时调整经营方式，革新业务，顺应时代大潮，看准市场，迅速反应，创造性地采取“线上+线下”的经营方式，公平获取大量发展资源，平等参与市场竞争，为社会提供了更多就业岗位，也帮助自身渡过难关。部分中小企业瞄准疫情与数字化时代叠加所蕴含的机遇，紧紧围绕人才这一核心环节，通过数字化技术、云化手段提升研发能力和协同能力，极大地促进了核心竞争力的提升。

促进数字政府作用发挥。运用数字化技术建设数字政府，助力“放”与“管”的有的放矢，促进市场公平竞争，尤其是中小企业公平参与市场竞争，激发市场活力。例如，浙江省舟山市聚焦数字化转型优化政府采购营商环境，以推动数字化转型与政府采购深度融合为切入点，推进政府采购公开透明，面向各类采购主体，积极构建信息公布渠道，通过“政采云”平台和“浙江政府采购网”协同运行，实现采购公告、采购文件、采购结果、采购合同、行政处罚等信息的全流程公开透明，确保信息公布及时、完整、准确。着力保障市场竞争透明化，在全省范围内率先完成“全省一张网”供应商入驻，使供应商直面全省采购单位，丰富平台商品种类，弥补区域壁垒产生的价格失真，有效打破以往各区域网上超市各自准入的有限竞争模式，进一步促使供应商提高商品质量、降低商品价格，有效避免各类恶意低价竞争行为。

七、中小企业数字化转型面临挑战

（一）不会转：基础弱，转型难度大

转型人才欠缺。如图 3-9 所示，中国电子技术标准化研究院发布的《中小企业数字化转型分析报告（2020）》（以下简称《分析报告》）显示，当前中小企业已经充分认识到数字化转型的重要意义，有 89%的企业针对数字化转型发展进行规划。在数字化转型人才方面，企业中数字化相关人才平均占比仅为 20%，15%的企业建立了数字化人才培养体系。分析认为，企业数字化人才匮乏，人才培养机制不健全是阻碍企业转型的一个重要因素。

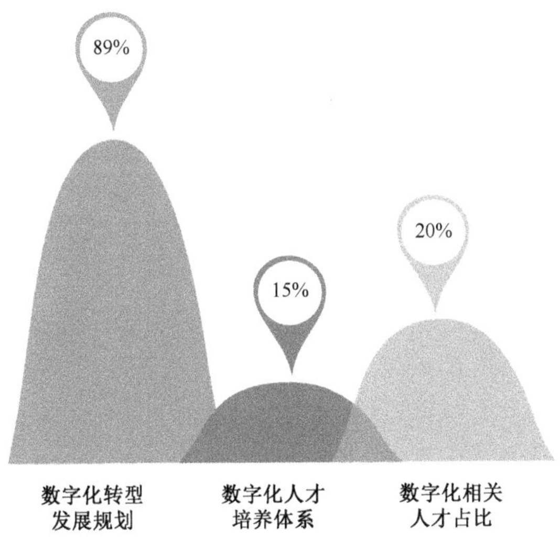

图 3-9　中小企业数字化转型规划和人才储备水平

数据采集基础薄弱。如图 3-10 所示，《分析报告》显示，我国中小企业对生产制造相关信息缺乏有效采集和收集，30%的中小企业对生产制造设备实施联网，实现对设备、工艺等信息采集。36%的中小企业能够应用质量检测设备实现生产过程质量数据的采集与追溯。34%的企业实现了设计、生产、物流、销售、服务等关键业务数据的采集。

图 3-10　中小企业数据采集基础水平

技术应用水平较低。如图 3-11 所示，《分析报告》显示，我国中小企业的数字化基础水平较薄弱，40%的中小企业能够实现基于二维码、条形码、RFID 等标识技术进行数据采集；23%的企业实现了关键业务系统间的集成；仅有 5%的企业采用大数据分析技术，对生产制造环节提供优化建议和决策支持。

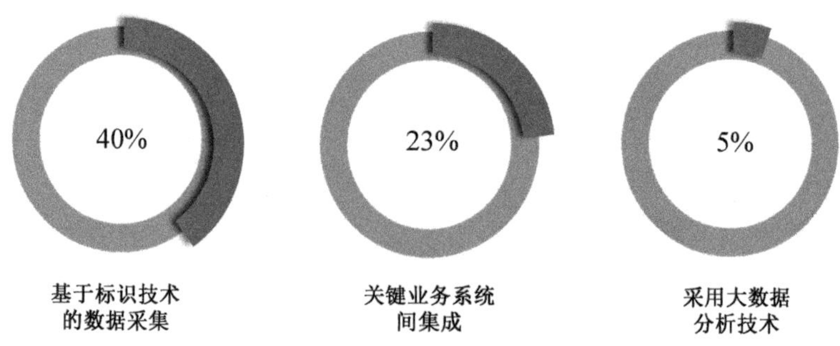

图 3-11　中小企业数字化技术应用情况

（二）不能转：供给少，转型成本高

转型成本高。如图 3-12 所示，《分析报告》显示，仅有 12%的中小企业获得了银行贷款，而大型企业获得银行贷款的比例为 25%，存在较大差距。企业数字化转型作为一项系统工程，在难以利用资金杠杆和借助专项扶持的基础上，靠企业自身的资本投入几乎难以为继。企业自身“造血”机能偏弱，外部“输血”机制滞后，是造成当前中小企业“不能转”的重要因素。

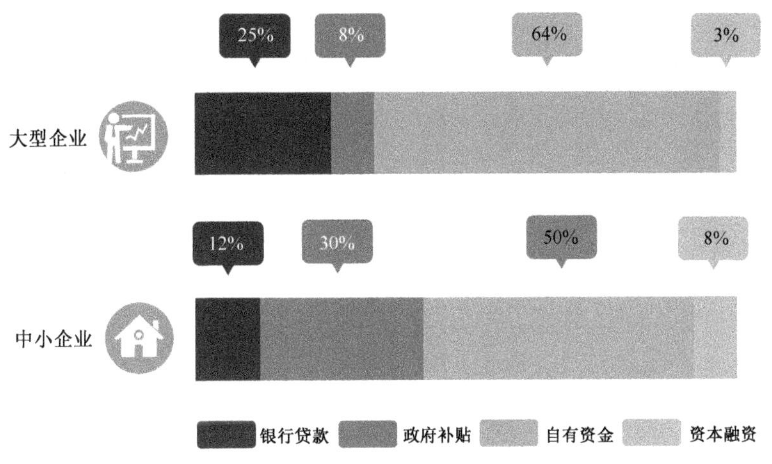

图 3-12　中小企业转型升级融资对比

资源投入不足。如图 3-13 所示，《分析报告》显示，当前中小企业办公网络平均覆盖率达 89%，关键工序的数字化装备应用比例为 45%，生产过程信息系统覆盖占比为 40%，设备联网率为 35%。中小企业在网络、设备、信息系统等资源配置方面投入与大型企业相比相对不足。

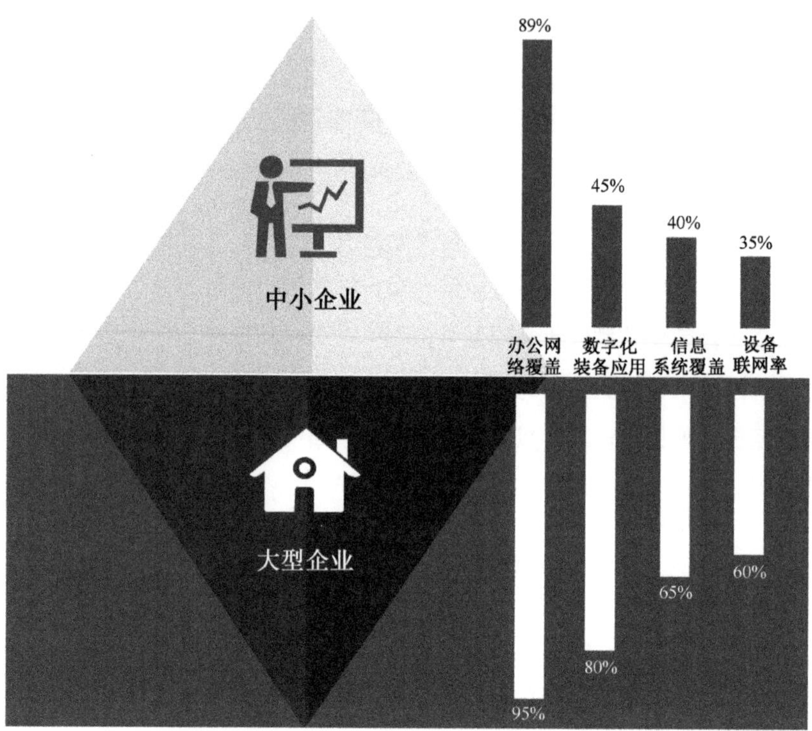

图 3-13 企业资源投入情况对比

（三）不敢转：协同差，转型见效慢

中小企业投入指数明显下降。如图 3-14 所示，《分析报告》显示，2020 年一季度中小企业投入指数为 56.2，与 2019 年四个季度均值相比下降了近 20 点。受疫情影响，市场预期不稳、需求疲软、订单下降、产量下滑，造成中小企业信心不足、投资意愿下降。

中小企业对云平台利用不足。如图 3-15 所示，《分析报告》显示，25%的企业应用了采购云平台，23%的企业能源数据实现上云管理，中小企业在物流、产品远程运维和协同设计等业务云平台应用程度较低。

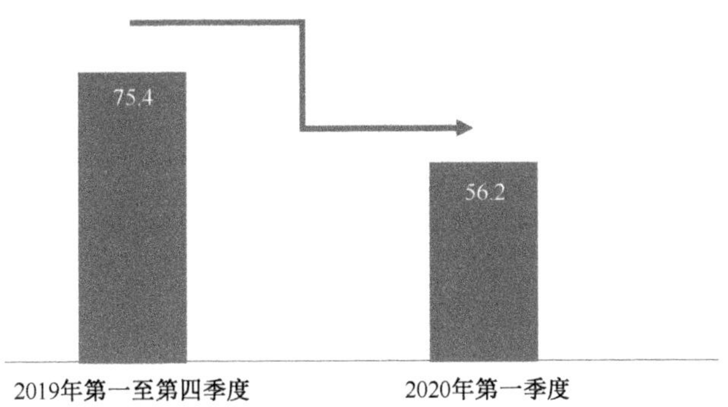

图 3-14　中小企业投入指数情况

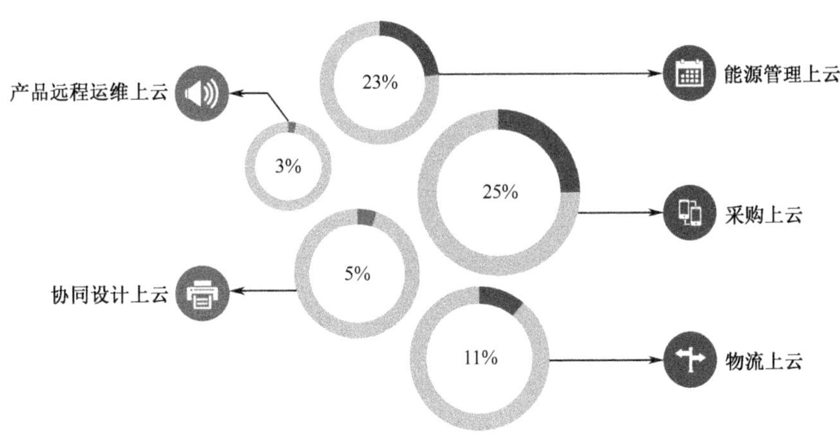

图 3-15　中小企业业务上云情况

第四章
Chapter 4

工业互联网——加速中小企业数字化转型的重要引擎

八、什么是工业互联网

（一）工业互联网功能体系

面对第四次工业革命与新一轮数字化浪潮，发达国家无不将制造业数字化作为强化本国未来产业竞争力的战略方向。发达国家在推进制造业数字化的过程中，不约而同地把参考架构设计作为重要抓手，如德国推出工业 4.0 参考架构 RAMI4.0、美国推出工业互联网参考架构 IIRA、日本推出工业价值链参考架构 IVRA，其核心目的是以参考架构来凝聚产业共识与各方力量，指导技术创新和产品解决方案的研发，引导制造业企业开展应用探索与实践，并组织标准体系建设与标准制定，从而推动一个创新型领域从概念走向落地。

我国为推进工业互联网发展，由中国工业互联网产业联盟于 2016 年 9 月发布了我国工业互联网体系架构 1.0 版本（以下简称“体系架构 1.0”）。

体系架构 1.0 提出工业互联网网络、平台、安全三大体系，其中“网络”是工业数据传输交换和工业互联网发展的基础，“平台”是工业智能化的核心驱动，“安全”是网络与数据在工业应用中的重要保障。基于三大体系，工业互联网重点构建三大优化闭环，即面向机器设备运行优化的闭环，面向生产运营决策优化的闭环，以及面向企业协同、用户交互与产品服务优化的全产业链、全价值链的闭环，并进一步形成智能化生产、网络化协同、个性化定制、服务化延伸四大应用模式。

体系架构 1.0 发布四年多以来，工业互联网的概念与内含已获得各界广泛认同，其发展也正由理念与技术验证走向规模化应用推广。在这一背景下，中国工业互联网产业联盟对体系架构 1.0 进行升级，提出工业互联网体系架构 2.0（见图 4-1）。

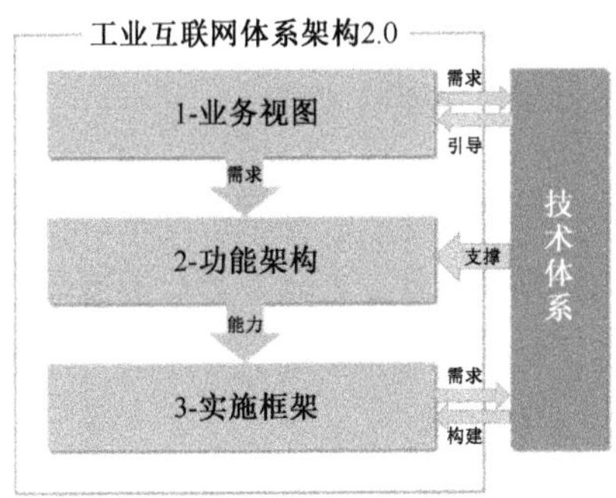

图 4-1　工业互联网体系架构 2.0

工业互联网体系架构 2.0（以下简称“体系架构 2.0”）特别强化了其在技术解决方案开发与行业应用推广的实操指导性，以更好支撑我国工业互联网下一阶段的发展。体系架构 2.0 充分继承了体系架构 1.0 的三大功能体系，形成网络、平台、安全三大体系（见图 4-2）。

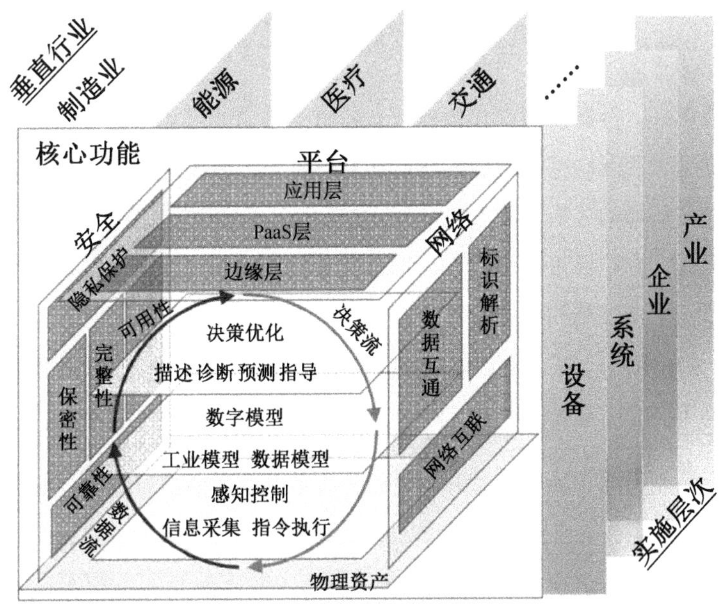

图 4-2　工业互联网体系架构 2.0 功能原理

网络体系是工业互联网的基础，将链接对象延伸到工业全系统、全产业链、全价值链，可实现人、物品、机器、车间、企业等全要素链接，以及设计、研发、生产、管理、服务等各环节的泛在深度互联，包括网络链接、标识解析、边缘计算等关键技术。

平台体系是工业互联网的核心，是面向制造业数字化、网络化、智能化需求，构建基于海量数据采集、汇聚、分析的服务体系，支撑制造资源泛在连接、弹性供给、高效配置的载体，其中平台技术是核心，承载在平台之上的工业 App 技术是关键。

安全体系是工业互联网的保障，通过构建涵盖工业全系统的安全防护体系，增强设备、网络、控制、应用和数据的安全保障能力，识别和抵御安全威胁，化解各种安全风险，构建工业智能化发展的安全可信环境，保障工业智能化的实现。

（二）工业互联网发展现状

近年来，世界各国都在抢抓新一轮科技革命和产业变革带来的机遇，通过推动工业互联网的发展加快制造业数字化、智能化转型。根据美国通用电气公司等的分析，到 2030 年，全球工业互联网的经济价值将达到 15 万亿美元，全球经济规模的一半都与工业互联网相关。全球主要国家纷纷出台了一系列战略和具体政策，如美国的“先进制造业伙伴计划”、德国的“工业 4.0 战略计划”、英国的“英国工业 2050 战略”、法国的“新工业法国计划”、日本的“超智能社会 5.0 战略”、韩国的“制造业创新 3.0 计划”等。

我国制造业正处于转型升级阶段，工业互联网同样是我国战略布局的关键，国内各大企业积极贯彻国家政策要求，围绕自身的战略转型情况，加快建设和推广工业互联网平台。智能制造发展需要工业互联网作为支撑，美国、德国、日本和中国都由政府或制造业知名企业主导，发布工业互联网参考架构、推动工业互联网平台发展。总体来看，在工业互联网领域，全球最具代表性和影响力的是美国、德国、日本和中国，这四个国家不仅是制造业规模最大的四个国家，而且在制造业、自动控制与工业软件、互联网信息服务等领域具有各自的优势。

1. 美国“工业互联网”

2012 年 11 月，GE（通用电气）发布《工业互联网：打破智慧与机器的边界》白皮书，首次提出工业互联网的概念。通用电气认为，过去 200 年里人类先后经历了工业革命、互联网革命和工业互联网三次创新和变革浪潮，工业互联网是工业革命和互联网革命创新、融合的产物，前者带来无数机器、设备组、设施和系统网络，后者催生出计算、信息与通信系统更强大的进步。工业互联网使世界上的机器都能链接在一起，并通过仪器仪表和传感器对机器的运行进行实时监控和数据采集，海量的数据经过强大算力和高效算法的处理，实现机器智能化并显著提高生产系统的效率。2014 年 3 月底，GE 联合 AT & T、Cisco（思科）、IBM 和 Intel（英特尔）等企业成立工业互联网联盟（Industrial Internet Consortium，IIC），旨在建立一个致力于打破行业、区域等技术壁垒，促进物理世界与数字世界融合的全球开放性会员组织，并通过主导标准制定，来引领技术创新、互联互通、系统安全和产业提升。

2015 年 6 月，IIC 发布全球第一个针对工业互联网具有跨行业适用性的参考架构——工业互联网参考架构（Industrial Internet Reference Architecture，IIRA），意在使工业物联网（IIoT）系统架构师能够基于通用框架和概念设计，开发可以互操作的 IIoT 系统，加快工业互联网的发展。2017 年 1 月，美国工业互联网联盟发布工业互联网参考架构 1.8 版，1.8 版在 1.7 版的基础上融入新型 IIoT 技术、概念和应用程序；2019 年 6 月进一步发布 1.9 版。IIRA 从商业、使用、功能和实施等视角对工业互联网进行描述。商业视角描述了企业所希望实现的商业愿景、价值和目标；使用视角描述了工业互联网系统的操作使用流程；功能视角确定了工业互联网系统所需要具备的控制、运营、信息、应用和商业等关键功能及其相互关系；实施视角包括边缘层、平台层和企业层三层架构。

2. 德国“工业 4.0”

2012 年 10 月，德国信息技术、通信、新媒体协会（BITKOM）、德国机械设备制造业联合会（VDMA）及德国电气和电子工业联合会（ZVEI）（拥有 6000 多家会员公司）组成的工作组，交付了报告《保障德国制造业的未来：关于实施“工业 4.0”战略的建议》。2013 年，“工业 4.0”被德国联邦经济事务和能源部（BMWi）、德国联邦教育及研究部（BMBF）纳入德国《高科技战略 2020》中，成为德国政府确定的面向未来的十大项目之一。《实施“工业 4.0”战略建议书》在 2013 年 4 月的汉诺威工业博览会上正式发布。德国电气和电子工业联合会于 2013 年 12 月发布“工业 4.0”标准化路线图。2015 年 4 月，“工业 4.0”平台得到扩展，更多来自企业、协会、联盟、科学和政治领域的参与者加入。

所谓“工业 4.0”是指工业革命的第四个阶段或第四次工业革命。第一次工业革命于 18 世纪末开始，以纺织机的出现为标志，水及蒸汽动力推动了生产过程的机械化；第二次工业革命开始于 20 世纪初，电力驱动工业规模扩大，大规模生产时代到来；第三次工业革命开始于 20 世纪 70 年代，以可编程逻辑控制器（PLC）的发明为标志，工业生产进入自动化时代；现在开始的是第四次工业革命，形成一个将资源、信息、物品和人互联的信息物理系统（Cyber Physical System，CPS），实现“智能生产”和“智能工厂”。“工业 4.0”的核心是三大集成，即纵向集成、端到端集成和纵横集成。纵向集成是将包括机器设备、供应链系统、生产系统和运营系统等企业内部流程连接起来，实现信息的实时沟通。端到端集成是在价值链的角度，从产品的创意、设计到制造，再到运行服务，实现对产品的全生命周期管理。纵横集成指企业供应链上下游的供应商、合作伙伴之间的互联。“工业 4.0”包括了智能工厂（Smart Factory）、智能产品、智能服务三大议题。

2015 年，德国“工业 4.0”平台（Industrie 4.0 或 I 4.0）发布了“工业 4.0”参考架构模型（Reference Ar chitecture Model Industrie 4.0，RAMI 4.0）。RAMI 4.0 包括三个维度：第一个维度是类别维度，分为物质世界与信息世界的资产功能体系结构，由下向上依次为资产、集成、通信、信息、功能、业务，下层为上层提供接口，上层使用下层的服务；第二个维度是全生命周期和价值流，包括从规划、设计到仿真、制造直至销售和服务的完整生命周期；第三个维度是层次结构，包括产品、现场设备、控制设备、站、工作中心、企业到互联世界的不同生产环境。

3. 日本“互联工业”

2016 年 1 月，日本政府发布了《第五期科学技术基本计划（2016—2020）》，并在其中提出“社会 5.0”（Society 5.0），即超级智能社会（Super Smart Society）概念，其将人类社会划分为狩猎社会、农业社会、工业社会、信息社会和智能社会五个阶段。在 2017 年 3 月的德国汉诺威工业博览会上，时任日本首相的安倍晋三发表了关于“互联工业（Connected Industries）”政策概念的演讲。2018 年 6 月，日本经济产业省发布《日本制造业白皮书（2018）》，将互联工业作为制造业发展的战略方向。互联工业是“社会 5.0”在工业领域的具体体现，通过人、机器、技术跨越边界和代际的连接，从而持续创造新的价值。互联工业聚焦于自动驾驶/移动出行、制造业/机器人、生物技术/医疗健康、工厂和基础设施维护、智慧生活。互联工业的通用政策措施包括数据使用规则、IT 技能和培训、网络安全、人工智能、知识产权和标准。

在日本经济产业省的支持下，日本工业价值链促进会（Industrial Value Chain Initiative，IVI）在 2015 年 6 月成立并于 2016 年 6 月成为一般社团法人。目前，日本工业价值链促进会拥有包括三菱电机、富士通、东芝、日立、丰田等日本制造企业、设备厂商、系统集成企业等在内的 738 名成员，其目标是使不同企业间实现互联互通，解决企业间的“互联制造”问题。2016 年 12 月，日本工业价值链促进会提出“工业价值链参考架构

（IVRA）"；2018 年 3 月发布《日本互联工业价值链的战略实施框架》，提出了新一代工业价值链参考架构（IVRA-Next）。工业价值链参考架构是一个三维结构，包括资产视角、活动视角、管理视角三个维度。资产视角包括人员、供需、产品、设备四个层次；活动视角包括计划（Plan）、执行（Do）、检查（Check）、改进（Action），形成 PDCA 循环，体现出丰田精益制造的思想；管理视角包括质量（Quality）、成本（Cost）、交付（Deliver）、环境（Environment），构成 QCDE 活动。

工业价值链三维架构中的每个块均被看作一个"智能制造单元（SMU）"，多个 SMU 的组合被称为"通用功能块（GFB）"。制造企业的活动可以通过几个具有一般功能的单元来理解，这些单元可以由几种"流"的交叉点来定义：需求/供应流、工程/知识流。穿越工程流、供需流、组织科层层级这三条轴线，可以将智能制造作为一个整体被建模为"通用功能块"的组合。GFB 的纵向是组织科层层级，包括设备层、车间层、部门层、企业层四个层次；横向表示知识/工程流，包括市场和设计、建设与实施、制造执行、维护和修理、研究与开发五个阶段；内向表示需求/供应流，包括总体规划、物料采购、制造执行、销售和物流、售后服务五个阶段。

4. 中国"工业互联网"

工业互联网是信息化和工业化融合发展在当前阶段的战略重点，既是我国网络强国战略的重要组成部分，也是制造强国战略的重要支撑。国家高度重视发展工业互联网。2017 年 11 月，国务院发布《关于深化"互联网+先进制造业"发展工业互联网的指导意见》，逐步形成了推动工业互联网发展的三大体系——网络体系、平台体系、安全体系，其中平台体系是核心，是工业要素资源汇聚和配置的中枢，在工业互联网中发挥着操作系统的作用。2017 年以来，工业和信息化部坚持以两化融合为主线，以工业互联网平台建设为突破口，以制造业数字化转型为发展路径，持续做好两化深度融合这篇大文章，取得积极成效。

多层次系统化平台体系基本形成。一是综合型“双跨”平台持续引领，海尔、东方国信、用友等十余个“双跨”平台服务近20个行业，资源集聚、应用服务、可持续发展等核心能力显著提升，已成为各方高度认可的平台品牌。二是特色型行业和区域平台快速发展，具有行业知识禀赋和区域带动作用的龙头企业加速平台布局，已成为行业转型赋能及区域经济增长的重要驱动。三是专业型平台不断涌现，在工业协议解析、工业大数据分析、工业仿真等关键领域，涌现出一批“专精特”工业互联网平台，成为关键技术单点突破与集成贯通的重要依托。

工业互联网平台助力新旧动能转换。在驱动企业数据贯通方面，平台助力企业打通消费与生产、设计与制造、产品与服务之间的数据鸿沟，推动企业数字化转型迈上新台阶。在支撑旧动能改造方面，针对原材料、高端装备、消费品和电子信息等行业运行成本高、需求差异大等问题，基于平台的质量管控、设计优化、个性定制等智能解决方案持续涌现，助力企业“提质降本增效”，引领行业高质量发展。在引领新动能培育方面，面对数字经济、智慧城市等产业新趋势、新方向，平台打破社会资源配置的时空局限，带动产业生产组织方式演进变革，同时催生制造协同、能力共享、工业金融等新模式、新业态。

多措并举加速工业互联网平台落地深耕。一是央地联动协同，上海、浙江与工业和信息化部签订部省合作协议。青岛、南京、重庆等地加速建设“7+12”工业互联网平台应用创新推广，有效加速区域产业升级。二是地方多措并举，为加速当地企业数字化转型，地方通过政策发布、资源池建立、制定发展指数等举措进行系统化布局，打造形成一批平台发展高地。三是产业集群落地，为了实现产业集聚区整体资源的调配与精准对接，打造一批特定产业集群工业互联网平台，优化稳定供应链、产业链。

工业互联网平台融通发展生态不断壮大。在公共服务方面，针对行业发展不均衡、专业化程度要求高、中小企业能力不足等问题，为了促进行业转型升级及创新发展，依托工业互联网创新发展工程建设了一批技术服务、数据管理、监测分析等公共服务平台。在融合基础方面，针对关键基础技术研发能力薄弱、专业化人才储备不足的现状，多地支持建设了一批工业互联网平台人才实训基地，加速推动复合型、技能型工业互联网人才培养。在对外合作方面，我国与欧盟物联网创新联盟（AIOTI）、日本工业价值链促进会（IVI）、德国弗劳恩霍夫学会等紧密合作，国际合作水平持续提升。

平台对重大事件、重大战略支撑能力显著增强。一方面，平台对接疫情防控紧缺资源供需，推出疫情复工解决方案，有力保障疫情防控和复工复产。三一、航天云网等企业围绕物资供需对接、医院施工远程调度、企业疫情防控等方面提供快速创新服务，用友、浪潮、东方国信等平台企业推出复工复产工业 App 或解决方案，有力支援疫情防控，助力企业复产复工。另一方面，平台助力突破技术瓶颈，与信创产业互促互进。工业互联网平台的快速发展带动了一批信创产品的涌现，例如，云道智造推出的自主化仿真安卓平台，实现有限元分析工具等达到国际先进水平。同时，工业互联网平台发展面临的平台开源框架、工业机理模型等关键短板，也为信创产业发展指明了急需布局的新方向。

（三）工业互联网应用价值

应用工业互联网，技术是核心，融合是关键。工业互联网可结合工业生产及制造、服务过程，基于大数据分析、人工智能等技术对数据进行综合利用，进而支撑业务的发展。一般来说，工业互联网在制造业中的应用价值主要体现在三方面。

优化生产制造过程。工业云平台能够有效采集和存储设备的运行状态数据、质量数据、现场生产数据等，通过数据分析和优化，在工艺、流程、质量等一些场景中实现优化应用，如对工艺参数、设备运行等数据进行综合分析，得到生产过程中的最优参数，提升制造品质；对生产进度、物料管理等数据进行分析，提高排产、进度、物料等方面管理的准确性；对产品检验数据和过程数据进行关联性分析，实现在线质量检测和异常分析，降低产品的不良率；对车间、企业的能耗数据进行分析，实现对设备、产线能效使用进行合理规划，提高能源的使用效率。

优化管理决策分析。工业互联网可以打通生产现场和企业管理的数据壁垒，有效提高企业的决策效率。在设备生产过程中，可以通过监控发现能耗的异常或峰值情形，随后可以在生产过程中重新进行调整，优化能源配置。例如，上海电气开发的纺织设备运行状态监测与智能管理系统，除可以实时监测设备运行状态和各种故障信息外，还能够实时反映整厂生产效率及品种、各纺织设备生产效率、预警等关键信息，并具有各种报表模块统计和各班组生产情况查询功能，便于生产企业分析和决策。

优化产品全生命周期管理与服务。工业互联网将产品设计、生产运行和服务的数据全面集成，可以建立产品的履历和档案。在设计环节通过大量试验数据、环境数据，可以实现制造预测和验证。在产品使用环节，借助区块链等新技术来记录产品生产、维修等信息，并将产品与装备的实时运行数据与设计、制造、历史维护数据进行融合，提供运行决策和维护建议，实现健康管理和预测性维护。在服务环节，通过反馈生产与实际使用过程中产生的数据改进产品设计，最终实现全生命周期管理与服务。通过工业互联网实现产品全生命周期管理与服务优化，对于一些需要长时间运行且生命周期较长的大型高端装备，如城市轨道交通车辆等，具有非常重要的意义。

九、平台是工业互联网的核心

（一）本质：工业资源优化配置的枢纽

工业互联网平台的本质是一套面向制造业数字化、网络化、智能化的解决方案，这套解决方案与传统方案最本质的区别就是其基于云架构运行，这是需求场景、技术演进、生态构建共同作用的必然结果，其基本的逻辑就是“数据+模型=服务”，就是如何采集制造系统海量数据，把来自机器设备、业务系统、产品模型、生产过程及运行环境的大量数据汇聚到工业 PaaS 平台上，实现物理世界隐性数据的显性化，实现数据的及时性、完整性、准确性，并将技术、知识、经验和方法以数字化模型的形式沉淀到平台上，形成各种软件化的模型（机理模型、数据分析模型等），基于这些数字化模型对各种数据进行分析、挖掘、展现，以提供产品全生命周期管理、协同研发设计、生产设备优化、产品质量检测、企业运营决策、设备预测性维护等多种多样的服务，从而实现数据—信息—知识—决策的迭代，最终将正确的数据以正确的方式在正确的时间传递给正确的人和机器，优化制造资源配置效率。

从实践上看，当把来自机器设备、业务系统、产品模型、生产过程，以及运行环境中大量数据汇聚到工业 PaaS 平台上，并将技术、知识、经验和方法以数字化模型的形式也沉淀到平台上以后，只需通过调用各种数字化模型与不同数据进行组合、分析、挖掘、展现，就可以快速、高效、灵活地开发出各类工业 App，提供全生命周期管理、协同研发设计、生产设备优化、产品质量检测、企业运营决策、设备预测性维护等多种多样的服务。

（二）架构：边缘层、平台层、应用层

工业互联网平台是面向制造业数字化、网络化、智能化需求，构建基于海量数据采集、汇聚、分析的服务体系，支撑制造资源泛在连接、弹性供给、高效配置的载体。从构成来看，工业互联网平台包含三大要素：边缘接入层（边缘层）、工业 PaaS 层（平台层）和工业 App（应用层）（见图 4-3）。边缘层是基础，要构建一个精准、实时、高效的数据采集体系，把数据采集上来，通过协议转换和边缘计算，一部分在边缘侧进行处理并直接返回到机器设备，一部分传到云端进行综合利用分析，进一步优化形成决策。平台层是核心，就是要构建一个可扩展的操作系统，为工业 App 应用开发提供一个基础平台。应用层是关键，就是要形成满足不同行业、不同场景的应用服务，并以工业 App 的形式呈现出来。

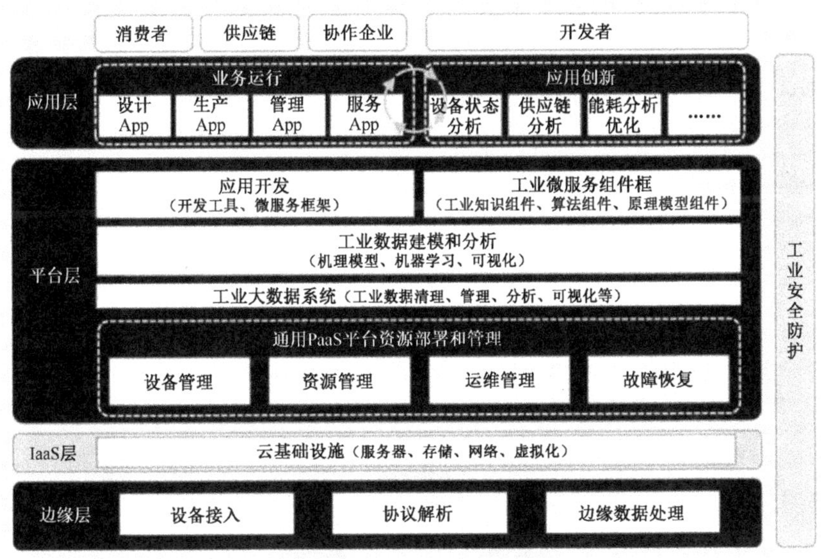

图 4-3　工业互联网平台架构

1. 边缘接入是基础

边缘接入的本质是利用泛在感知技术对多源设备、异构系统、运营环境、人等要素信息进行实时高效采集和云端汇聚。数据采集的核心就是要构建一个精准、实时、高效的数据采集体系，把数据采集上来，通过协议转换和边缘计算，将一部分数据在边缘侧进行处理，这适用于对实时性、短周期数据的快速处理，处理结果将直接返回到机器设备；将另一部分数据传到云端，通过云计算更强大的数据运算能力和更快的处理速度，对非实时、长周期数据进行综合利用分析，从而进一步优化形成决策。

2. 工业 PaaS 是核心

工业 PaaS 的本质是一个可扩展的工业云操作系统，能够实现对软硬件资源和开发工具的接入、控制和管理，为应用开发提供了必要的接口及存储计算、工具资源支持，并为工业应用软件开发提供一个基础平台。当前，工业 PaaS 建设的总体思路是，通过对通用 PaaS 平台的深度改造，构造满足工业实时、可靠、安全需求的云平台，采用微服务架构，将大量工业技术原理、行业知识、基础模型规则化、软件化、模块化，并封装为可重复使用的微服务；通过对微服务的灵活调用和配置，降低应用程序开发门槛和开发成本，提高开发、测试、部署效率，为海量开发者汇聚、开放社区建设提供技术支撑和保障。工业 PaaS 是当前领军企业投入的重点，是平台技术能力的集中体现，也是当前生态竞争的焦点。

3. 工业 App 是关键

工业 App 主要表现为面向特定工业应用场景，激发全社会资源推动工业技术、经验、知识和最佳实践的模型化、软件化、再封装，用户通过对工业 App 的调用实现对特定制造资源的优化配置。工业 App 面临的突出问题是，传统的生产管理软件云化进程缓慢，专业的工业 App 应用较少，应用开发者数量有限，商业模式尚未形成。工业 App 发展的总体思路是，一方面，传统的 CAx、ERP、MES 等研发设计工具和运营管理软件加快云化改造，基于工业 PaaS 实现了云端部署、集成与应用，满足企业分布式管理和远程协作的需要；另一方面，围绕多行业、多领域、多场景的云应用需求，大量开发者通过对工业 PaaS 层微服务的调用、组合、封装和二次开发，形成面向特定行业特定场景的工业 App。

（三）类型：基础性、行业性工业互联网平台

基础性工业互联网平台，具备设备接入、软件集成、数据处理等多种能力，汇聚了大量工业数据、模型算法、研发设计等各类资源，通过云接入及云处理技术分散这些积累的资源，对中小企业的资源管理、业务流程、生产过程、供应链管理等环节进行优化，可实现中小企业与外部用户需求、创新资源及生产能力的对接。这类平台能够有效促进产能优化及区域协同，满足市场多元化需求，提供中小企业数字化转型公共服务支撑，是中小企业数字化转型的“发动机”。

行业性工业互联网平台，对工业行业的运行更加熟悉，具有丰富的行业知识，可以构建主要为各类行业服务的丰富应用，这类平台可以不具有基础性的设备接入或软件集成能力，而只具有较强的行业知识和经验即可，不需要发展设备互联、软件集成的能力，重在集中提供行业性的应用服务。大量行业性工业互联网平台可以依存于某个基础性工业互联网平台之上，并进一步联结，形成完善的上下游协同体系，例如，跨行业跨领域综合型工业互联网平台、面向重点行业和区域的特色型工业互联网平台、面向特定技术领域的专业型工业互联网平台。

通过基础性工业互联网平台，可以从缓解融资困境、促进供应链协同等方面助力中小企业发展。一是增强中小企业融资信用。基于基础性工业互联网平台上下游企业的协作共享，在效率提升的同时还可以依托生产经营数据对中小企业进行个性化、精准化“经营画像”，基于生产经营数据增

信，打破传统融资以核心大企业为背书的授信习惯，拓宽中小企业融资渠道。二是提升中小企业供应链管理能力，基础性工业互联网平台可以实现平台上企业之间的连接与协同，实现数据共享和协同，提升供应链管理能力，降低库存。例如，下游企业收到订单以后，可以第一时间把所需要的原材料、零配件在上游产业链的各个环节根据订单进行分配，缩短供需对接时间和生产周期，特别是在定制化生产的情况下，能够极大地提高生产效率。

通过行业性工业互联网平台，可以面向具体场景助力中小企业生产能力提升。一是提高设备利用效率，工业互联网平台可以实现生产设备的互联与共享，收集设备的在线率、开机率、作业率等多种指标，计算出机器的整体利用率，基于此类数据并结合现场观察，可以分析不同机器效率不高的原因，且对有些成本高但使用时间少的设备，可以通过共享节约企业的投资，从而在不额外投资的情况下提高企业的生产能力，从而提高企业效益。二是促进中小企业实现设备健康管理，行业性工业互联网平台可以保障生产设备智能运维，基于工业互联网平台，数字化设备可以结合深度数据分析的设备健康管理进行及时维修保养，并通过优化工艺参数提升工序的产品质量，降低次品率或废品率等。三是提升中小企业智能化水平，行业性工业互联网平台通过构建强大的大数据分析能力，可以在积累数据的基础上，构建企业生产运营各领域的各种模型，例如，单台设备的运转优化模型、生产线的协作模型，或者营销模型、成本模型等，并把这些模型做成工业 App，供中小企业应用。

十、工业互联网平台助力数字化转型的逻辑

过去 40 年来，基于产业生态的竞争在 ICT 领域越演越烈，从 Wintel 体系到 Android、iOS 两大操作系统，从电子商务、搜索引擎到社交平台，一批领军企业主导了全球 ICT 产业生态发展。当前，伴随着新一代信息通信技术和制造业的融合发展，以工业互联网平台为核心的产业竞争正从 ICT 领域向制造领域拓展。以知识交易为典型特征的工业互联网平台，承载着工业知识的数字化模型，工业 App 成为平台交易的重点，工业互联网平台成为工业知识沉淀、传播、复用和价值创造的重要载体，是数字化转型的关键抓手。

（一）万物互联

万物互联是指人、物、数据和应用通过互联网连接在一起，实现所有人与人、人与物及物与物之间的互联，重构整个社会的生产工具、生产方式和生活场景。万物互联以技术为基础，通过链接、计算、人工智能、云、移动终端等技术创新，构建万物互联的智能世界。通过赋能生态系统，帮助不同领域、行业和用户创造个性化的应用服务。在新技术支撑下，真实环境物理空间与虚拟环境信息空间进行映射协同，将实现通信、计算和控制的融合，使得物与物、人与物之间能够以新的方式进行主动的协同交互，从而织一张物理世界内生互联的智能协同网络。历经概念兴起驱动、示范应用引领、技术显著进步和产业逐步成熟等阶段，工业互联网平台正加快转化为现实科技生产力。

技术加速互联。工业互联网平台将人、数据和机器连接起来，使设备、生产线、工厂、供应商、产品和客户相互间紧密地按需协同，综合应用大数据分析技术和远程控制技术，优化工业设施和机器的运行维护，通过网络化智能化手段提升工业制造水平，形成跨设备、跨系统、跨厂区、跨地区的互联互通产业链，从而提高效率，推动整个制造服务体系智能化。

融合支撑互联。工业互联网平台与其他新一代信息技术融合发展是工业互联网平台的重要特性。当前，工业互联网平台正在促进 5G、云计算、大数据、人工智能、区块链和边缘计算等新一代信息技术向各领域渗透，引发全球性产业分工格局重大变革。在信息处理方面，信息感知、知识表示、机器学习等技术迅速发展，极大地提升了工业互联网平台的智能化数据处理能力。在数字孪生与操作系统方面，基于云计算及开源软件的广泛应用，有效降低了企业构建生态门槛，推动了工业互联网平台和操作系统的进步。

生态拓展互联。如果说影响生产工具和产品的技术会带来量变，那么工业互联网平台则会带来质变。工业互联网平台产业在全球范围内快速发展，正与制造技术、新能源、新材料等领域融合，步入产业大变革前夜，迎来大发展时代。随着工业互联网平台应用的普及，不同场景下数以万亿计的新设备将接入网络。这些应用正在爆发性增长并将形成海量数据，促进生产和管理方式进一步智能化、网络化和精细化，推动经济社会发展更加智能高效。

（二）数据驱动

数字经济时代催生了以大数据为代表的新型生产要素，企业的经营管理离不开海量数据的支撑。相较于传统生产要素的有限增长和供给，数据具有可复制、可共享、无限增长和供给的特性，可以通过连接物理世界和数字世界，驱动企业数字化转型升级，进而实现持续增长和创新发展。需要注意的是，数字化转型强调的是运用数字技术，而数据驱动强调的则是以数据作为关键生产要素，因而数字化转型的范畴大于数据驱动，但数据驱动是数字化转型的主线。过去，企业的经营管理多是流程驱动的，高度依赖经验。基于工业互联网平台，数据驱动型企业利用海量、多维度的数据建立起更加全面的评估体系，无论是基于供需双方的精准匹配带来直接的业务创新增长，还是不断优化低效和存在问题的环节以提升运营效率，都是在激烈的市场竞争中保持可持续发展的重要手段。

数据驱动生产。消费结构的升级促使卖方市场转向买方市场，消费者的个性化需求涌现，“先订单后生产”的 C2M 模式应运而生。在传统刚性生产过程中，一条生产线对应一个规格的产品，为实现 C2M 的反向定制必须转向柔性生产。柔性生产系统能够基于用户需求、产品信息、设备信息、生产计划等大量数据信息，选择最合适的生产方案并最优化资源配置，从而提供符合市场需求的、高质量的产品，减小企业在供应、库存、运输等环节中的不确定性。

数据统一管理。当企业具有一定的信息化基础，沉淀了各种各样的数据，就会面临数据统一管理的问题。企业需要对以职能、流程为中心流入的数据，围绕业务和场景进行数据治理，完成从数据到可变现的数据资产的价值转化。其实现形式主要有数据仓库、数据湖、数据中台等，三类的侧重点各有不同。数据仓库主要处理历史的、结构化的数据，为满足后续的高级报表及数据分析需求，用户以企业决策层为主；数据湖遵循以自然格式存储数据的理念，可处理所有类型的数据，多服务于数据开发者；数据中台可面向各类实时、离线及结构化、非结构化数据，为前台提供具有业务价值的逻辑概念。

数字驱动协同。管理数字化的推进为企业带来了越来越多的数据触点，如 HR 系统中的考勤数据、绩效数据，财务管理系统中的发票数据、应收应付数据，OA 系统中的流程审批数据，而通过网络招聘、电子发票等线上化的流程不仅大幅提升了工作效率，还让数据以结构化的方式被企业轻松获取和使用。协同场景下的数据应用一方面可以促进流程优化，另一方面可以驱动智能化决策，针对不同场景均有各自的模型算法与专业的第三方服务商。相比以往，当前的企业数字化转型更强调跨系统的打通，通过连接企业内外部数据、拉通业务场景进行一体化分析，企业将能够更深入地洞察和指导自身经营管理。

（三）软件定义

数据的自动流动是优化制造资源配置的关键，目前存在的问题是如何实现数据的自动流动，如何把正确的数据以正确的方式在正确的时间传递给正确的人和机器，背后需要一套数据自动流动的规则体系，这套规则体系就是软件。软件的本质是构建一套数据自动流动的规则体系，基于软件打造“状态感知—实时分析—科学决策—精准执行”的数据闭环，解决研发设计、生产制造、运营管理乃至全过程中的复杂性和不确定性问题，提高资源配置效率。

软件定义实现软硬件的解耦分离。“软件定义”最早起源于“软件定义网络”（Software Defined Network，SDN），其核心是利用分层思想将软硬件分离，通过打破过去的一体化硬件设施，实现“硬件资源的虚拟化”和“服务任务的可编程”，即将传统的“单体式（Monolithic）”硬件设施分解为“基础硬件虚拟化及其 API+管控软件”两部分：基础硬件通过 API 提供标准化的基本功能，进而在其上新增一个软件层替换“单体式”硬件中实现管控的硬逻辑，为用户提供更开放、灵活的系统管理服务。这一思想以虚拟化技术为基础，既解决了资源的效率过低问题，也极大地提升了资源的弹性和灵活性。

软件定义重构生产流程和控制模式。软件定义了生产流程，打破了传统的“设计—制造—测试—再设计”的过程，重构了一个与实物制造相对应的虚拟制造空间，实现了研发设计、仿真、试验、制造、服务在虚拟空间并行，通过软件定义设计、产品、生产和管理等制造全环节的方式，推动制造过程快速迭代、持续优化和效率提升。软件定义了控制模式，在工业革命 300 年的历史进程中，控制装置作为技术完备系统（动力装置、传动装置、执行装置、控制装置）的重要子系统之一发展最为迅猛，从珍妮纺织机到继电器开关，从电流调节器到数控机床，从嵌入式控制到基于云平台的远程控制，控制系统在核心技术上走过了一条“机械→机电→电子→数字→软件”的技术发展路线，软件技术的发展促使装备控制模式从物理控制到数字控制的革命性变迁。

实践路径篇

第五章

Chapter 5

工业互联网平台赋能中小企业包容性增长机制

十一、基础性平台构建“1+3”公共服务体系

（一）建设 1 个通用共性技术资源池

通过工业互联网平台，构建通用共性技术资源池，汇聚设备互联、数据智能、仿真建模、应用开发和数字孪生等技术能力，让中小企业“拿来即用”，降低中小企业的平台化研发、部署、应用、开发成本，助力中小企业包容性增长。

设备互联。实现制造全生命周期异构数据在云端汇聚。设备接入主要基于工业以太网、工业总线等工业通信协议和以太网、光纤等通用协议，3G/4G、NB-IOT 等无线协议将工业现场设备接入平台边缘层。协议转换一方面运用协议解析、中间件等技术兼容 ModBus、OPC、CAN、Profibus 等各类工业通信协议和软件通信接口，实现数据格式转换和统一；另一方面利用 HTTP、MQTT 等方式从边缘侧将采集到的数据传输到云端，实现数据的远程接入。边缘数据处理基于高性能计算芯片、实时操作系统、边缘分析算法等技术支撑，在靠近设备或数据源头的网络边缘侧进行数据预处理、存储及智能分析应用，提升操作响应灵敏度、消除网络堵塞，并与云端分析形成协同。

针对典型行业中的不同企业开发专用的数据采集联网设备，为非企业自主所有的外国设备装上“中国脑”，彻底改造国外的自动化控制系统；为专用设备配置数据采集端口，采用即插即用的方式，安全地从工业现场设备中实时获取数据并进行传输，解决不同设备制造商之间设备的互联互通问题，实现设备的泛在连接。

基于 OPC UA 设计工业网关设备，将现场各种工业设备、装置采用的标准或私有通信协议转化成标准 OPC UA 通信协议。针对异构现场总线及以太网总线的不同报文结构的数据，通过标配数据接入模块，进行标准化报文拆解。工业网关应支持多种网络接口、总线协议与网络拓扑。

部署边缘端设备实现边缘计算与云计算协同。基于边缘端设备，根据典型行业数据接入特点，基于流式数据分析对数据进行即来即处理，快速响应事件和不断变化的业务条件与需求。通过分布式边缘计算节点进行数据和知识的交换，支持计算、存储资源的横向弹性扩展，完成本地的实施决策和优化操作，同时将非实时数据聚合后送到云端处理，实现与云计算协同。

数据智能。涵盖数据处理框架、数据预处理、数据存储与管理等使能技术。数据处理框架借助 Hadoop、Spark、Storm 等分布式处理架构，满足海量数据的批处理和流处理计算需求。数据预处理运用数据冗余剔除、异常检测、归一化等方法对原始数据进行清洗，为后续存储、管理与分析提供高质量数据来源。数据存储与管理通过分布式文件系统、NoSQL 数据库、关系数据库、时序数据库等不同的数据管理引擎实现海量工业数据的分区选择、存储、编目与索引等。

预防硬件故障。数据驱动的预测分析可消除任何预防性维护策略的猜测，还能让工程师在机器脱机和休眠时安排并启动修理。例如，通用汽车（GM）在生产在线涂装新车时会先使用传感器监控工厂温度，如果环境太冷或太热，涂料设置不正确，设备就可能出现故障。其他制造商则使用自动通知传感器来辨识性能下滑、意外瓶颈或潜在危险。

优化维护例程。预测分析通常能找出需要关注的机器或零件，工厂技术人员就能根据需要调整工具和备件的库存，从而能为工厂车间节约时间、金钱和空间。有些机器也会执行自我维护，且因无须技术人员而能进一步提高效率。

加强工作场所安全。未正确维护的设备或容易发生故障而无警告的机器会对工人的健康和安全造成严重风险。机器故障也会造成时间、生产力和利润的严重损失。意外事件可能导致整个工厂暂时关闭，直到问题解决为止。

提升产品质量和客户服务。机器突然发生故障也会让准备装运或分配的货物受到损坏。组装机器人或数控机床一旦在生产过程中停止工作，则特定零件及其所包含的原材料将立即浪费。例如，工具机大厂 Caterpillar 迅速接受了物联网技术，其客户和合作伙伴享受到许多实实在在的好处，包括节省 40%的燃料成本和 90%的设备正常运行时间，以及增加数千美元的利润。最终结果是，Caterpillar 提升了其品牌形象，客户改善了其分配资源的方式，消费者最终为整体服务支付更少的费用，达到三赢局面。

仿真建模。打造工业实体虚拟映射和智能数据分析能力。数据分析建模利用统计分析、机器学习、机理建模等多种技术，并结合相应领域经验知识，面向特定工业应用场景，对海量工业数据进行深度分析和挖掘，并提供可调用的特征工程、分析建模等工具包，能够快速建立可复用、可固化的智能应用模型。虚拟样机将 CAD 建模技术、计算机支持的协同工作（CSCW）技术、用户界面设计、基于知识的推理技术、设计过程管理和文档化技术、虚拟现实技术集成起来，以实现复杂产品论证、设计、试验、制造、维护等全生命周期活动中基于模型/知识的虚拟样机构建与应用。

缩短开发周期与降低成本。对材料的工艺特性、机械传动、控制的联合测试中，只有在虚拟环境中，对参数进行最优的调整，才最节省成本，只有几乎完成最优调整后，再下载到物理对象上进行验证，才能更好地实现成本的降低。否则，如印刷机，如果要进行某种材料的测试，从 300 米的速度运行，一卷纸只用时 10 多分钟就烧完了，价值几千元的材料很快就会被消耗掉，而大量的机器功能会造成巨额的测试成本。

降低安全风险。对于一些设备，虚拟测试与验证还可以降低安全风险，如风力发电对于各种安全机制的测试，包括在一些大型机械装备的开发中，如果没有良好的安全机制保障，那么就存在潜在的安全风险，因此，可以在虚拟环境中进行工作。

复用的组件开发。对于很多具有共性的应用软件来说，如张力控制模型针对塑料薄膜、印刷的纸张、纺织的纱线、金属板材的开卷校平、弹簧送丝等各种场景来说，可以用于开发各种控制模式下（闭环、开环、伺服电机调节等）的模型及其参数验证，然后封装为可复用的共性组件，在应用开发中，直接配置其模式、参数等，加速机器的配置，响应快速的市场变化需求。

应用开发。实现工业技术、经验、知识和最佳实践的模型化、软件化、再封装（即工业 App）的关键能力。涉及微服务架构、多语言与工具支持、图形化编程等技术。微服务架构提供涵盖服务注册、发现、通信、调用的管理机制和运行环境，支撑基于微型服务单元集成的“松耦合”应用开发和部署。多语言与工具支持 Java、Ruby 和 PHP 等多种语言编译环境，并提供 Eclipse integration，JBoss Developer Studio、git 和 Jenkins 等各类开发工具，构建高效便捷的集成开发环境。图形化编程通过类似 Labview 的图形化编程工具，简化开发流程，支持用户采用拖拽的方式进行应用创建、测试、扩展等。具体以微服务架构为例：

易用易维护。基于不同行业、不同领域经验知识所提炼出来的各类原始机理算法模型通常缺少对外调用的接口，也往往难以进行独立的调试、运行和升级，需要使用工业微服务的方式将这些机理算法模型集成起来，封装成可独立调试运行的单一功能或服务模块，提升其易用性和可维护性。

个性化定制。满足工业 App 快速运维、持续迭代和个性化定制的需要，在工业互联网平台中基于工业微服务模块进行工业 App 开发，既能够借助工业微服务并行开发、分布运行的特点，有效发挥平台海量开发者接入、资源弹性配置、云化部署运行等优势，又能够利用工业微服务独立隔离、灵活调用的特点，克服工业 App 所面临的快速运维、持续迭代、个性化定制等问题。

方便调用。不需要专业知识，平台调用工业微服务开发工业 App。工业互联网平台发展的核心目标是通过行业经验知识的积累沉淀和复用推广来带动产业整体水平的提升，并打造繁荣创新的开放价值生态。而工业微服务能够将专业知识和IT技术融合起来，变成不需要关心实现细节的“黑盒”，开发者甚至不需要任何专业知识，就可通过调用平台中各类工业微服务的方式开发出能够解决行业问题的工业App。

协同共享。工业微服务具有通用化共享能力，便于复制和应用推广。在此基础上，平台将原来处于企业内部的封闭性专业能力转化为面向行业和社会的通用化共享能力，实现在工业微服务能力复制和应用推广，从而成为服务行业、服务区域的发动机和助推器。

数字孪生。促进制造技术、信息技术、融合性技术等交织融合。数字孪生将不同数据源进行实时同步，并高效整合多类建模方法和工具，实现多学科、多维度、多环境的统一建模和分析，是工业互联网技术发展的集大成者。数字孪生技术尚处于发展初期，其赋能作用主要体现在高价值设备或产品的健康管理方面，如NASA与AFRL合作，基于多数字孪生对F-15飞机机体进行健康状态的预测，并给出维修意见。空客基于数字样机实现飞机产品的并行研发，提升一致性及研发效率。随着技术发展，贯穿全生命周期、全价值链数字孪生体建立后，能够全面变革设计、生产、运营、服务全流程的数据集成和分析方式，极大地扩展了数据洞察的深度和广度，驱动生产方式和制造模式深远变革。

设备的监控与操作。利用数字“双胞胎”实现监控和操作，即把生产设备的实体模型和虚拟模型连接在一起，通过虚拟模型实时反映生产设备的变化。相比于整理和分析与某一设备有关的大量数据信息和报告，数字孪生体能够更加直观地反映物理实体每一时刻的动态变化，有利于操作人员更加准确地对设备的状态进行监控与操作。监控与操作的更高层次是对设备进行诊断和预测，诊断即当设备发生异常时，用数字孪生手段寻找根本原因。预测是通过对生产设备历史数据的分析和挖掘，进而推断出其存在的潜在风险，依据推断结果可以合理地规划产品或设备的维护。目前在产品的预测性维修维护方面有大量应用，如通用电气为每个引擎、每个涡轮、每台核磁共振设备创造一个对应的数字孪生体，通过这些仿真的数字化模型，在虚拟空间进行调试、试验，即可知道如何让机器效率达到最高，只需将最优方案应用于实体模型上即可。借助数字孪生技术，企业可以合理规划产品，避免浪费大量的物体进行实体验证的试验时间及成本。

产品全生命周期管理。利用数字孪生技术可以促进产品全生命周期各阶段的高效协同，从而对产品进行全生命周期管理。在产品全生命周期各阶段，将产品开发、产品制造、产品服务等各个环节的数据在产品数字孪生体中进行关联映射，在此基础上以产品数字孪生体为单一产品数据源，实现产品全生命周期各阶段的高效协同，最终实现虚拟空间向物理空间的决策控制，以及数字产品到物理产品的转变。基于统一的产品数字孪生体，通过分析产品制造数据和产品服务数据，不仅能够实现对现实世界物理产品状态的实时监控，为用户提供及时的检查、维护和维修服务，也可以通过对客户需求和偏好的预测和对产品损坏原因的分析等，为设计人员改善和优化产品设计提供依据。同时，基于产品数字孪生体和数字纽带技术，可实现对产品设计数据、产品制造数据和产品服务数据等产品全生命周期数据的可视化统一管理，并为产品全生命周期各阶段所涉及的工程设计和分析人员/生产管理人员/操作人员/供应链上下游企业人员/产品售后服务人员/产品用户等提供统一的数据和模型接口服务。具体的实现步骤是：在产品设计阶段，构建一个全三维标注的产品模型。之后在工艺设计阶段，实现基于三维产品模型的工艺设计。在产品生产制造阶段，完成制造信息的采集和全要素重建。在产品服务阶段，主要实现产品的使用和维护。最后，在产品报废/回收阶段，主要记录产品的报废/回收数据。当产品报废/回收后，该产品数字孪生体所涵盖的所有模型和数据都将成为同种类型产品组历史数据的一部分进行归档，为下一代产品的设计改进和创新、同类型产品的质量分析及预测、基于物理的产品仿真模型和分析模型的优化等提供数据支持。

建立产品数据档案。产品数字孪生体是产品全生命周期的数据中心，记录了产品从概念设计直至报废及回收的所有模型和数据，是物理产品在全生命周期的数字化档案，反映了产品在全生命周期各阶段的形成过程、状态和行为。产品数字孪生体实时记录了产品从出生到消亡的全过程，并且在产品所处的任何阶段都能够调用该阶段以前所有的模型和数据，产品在任何时刻、任何地点和任何阶段都是状态可视、行为可控、质量可追溯的。例如，在产品使用阶段，产品数字孪生体在产品设计和制造阶段的所有数据和模型记录集合能够为产品质量追溯、产品可靠性分析提供准确的模型和数据来源。数字孪生体对设备和产品的数据进行集成，通过将现有数据对该实体的历史数据及其他相似实体的数据进行相似性比较，最终提炼出相关信息。即从整体的视角下对个别设备的相关数据进行分析，以此实现信息空间数据的最大化利用，也为数据的综合管理及使用提供了便利。

（二）搭建基于生产运行数据的新型征信体系

利用新一代信息技术，特别是工业互联网平台对实时采集到的数据利用平台沉淀的金融分析模型，可以为金融机构提供企业生产经营状况的全景图，搭建基于生产运行数据的新型征信体系，缓解传统征信体系对中小企业不够友善的问题。通过对企业生产经营数据的掌握，可以得到最真实的企业生产经营情况。

减少了机构之间的沟通对接，以数据为要素，在机构间实现企业生产数据的共享，金融机构可及时掌握企业实际经营情况，按照企业发展的进程分阶段提供贷款，实现资金的高效利用，降低机构间无效的沟通对接工作。

实现对企业真实情况的科学分析。过去，银行等金融机构依托企业征信系统、企业口碑及公司资质进行金融服务，人是每个环节的关键因素，也导致了金融服务决定受人为因素的影响比较大，通过实现对数据的客观处理，可以排除人为因素的影响，较为客观地实现对企业真实生产情况的掌握。

提高金融服务整体效率，中小企业贷款难、监管难、盈利难导致其自身的征信水平不高，大型金融机构因为中小企业个体需求的区别往往难以为中小企业提供直接服务，信贷资金的使用效率受到严重制约。依托以数据为基础的新型企业征信系统，类比蚂蚁集团设计的征信模型，为企业提供及时、合理额度的金融服务，提高资金的使用效率，为金融服务费用的回款提供便利。

常州天正采集了万余家企业的设备开关机状态、工作时长、平均运行时间、故障情况等核心数据，基于自行开发的企业工业生产力征信模型、区域竞争力模型，为中小微企业、金融机构、保险公司提供融资租赁、风险预警、客户遴选等各类服务。当企业购买设备经费不足时，金融机构可以基于设备信用提供浮动利率融资租赁、担保、证券化服务。当企业当月生产力信用低于阈值，主动提醒金融机构注意风险隐患，减少了传统征信体系对财务数据的依赖。基于“数据+模型”构建的征信体系自上线以来为客户金融借贷 8 亿元、联合授信 300 亿元以上。

（三）搭建新型工业知识交易体系

工业互联网平台的构建，可满足工业知识交易体系的需求，为新型工业知识交易体系提供新的平台，将大量工业技术原理、行业知识、基础工艺、模型工具等知识进行规则化、软件化、模块化，封装为可以重复使用的微服务组件，完成数字工业知识在工业互联网平台上的沉淀；按照客户的个性化需求，将平台中已有的工业知识、技术、经验等模型化、软件化，再封装形成工业 App，支撑中小型企业对于各种工业技术知识的需求，缓解传统技术合作对中小企业不够开放的问题。在基于工业互联网构建的工业技术知识交易体系中，交易的对象、主体和成本都有了不同程度的优化。

从交易对象上看，由传统的书籍、标准、专利等转变为包含工业技术、知识、算法，以及标准化、模块化封装的工业 App、机理模型等，其特点是以组件形式呈现，加密封装，实现数字化交易。平台的构建降低了知识对于特定载体的依附性，工业知识和技术以组件的形态，根据中小企业个性化需求自由组合、封装形成工业 App。

从交易主体上看，打破传统的供应方和使用方的单线交易模式，将作为知识供给方的各类研究机构、企事业单位和知识使用方的大中小型企业统一到同一个平台上，供需双方更加自由地根据各自需要在平台上进行快速对接，构建多对多的交易网络。

从交易成本上看，交易整体流程大幅度缩短，具有周期短、效率高、定位准的特点，平台的建立降低了供需双方对知识搜索、定价和获取的成本，并打破了传统知识传播和交易的壁垒，实现跨时间、跨空间、跨层级对于工业知识技术的获取和使用。

构建工业技术知识交易体系，不是将依附在传统媒介上的工业知识简单迁移至互联网平台，而是革命性地改变了工业知识从生产到交易的方式。这种新的商业模式吸引了应用开发者、软件开发商、服务集成商、用户和平台，打造基于工业物联网平台的知识交易体系完整的生态系统。

（四）搭建新型产业分工协作体系

基于工业互联网平台将建设者、开发者、用户、产业链上下游企业、中小企业、其他利益相关者连接在一起，形成一个超大规模的创新协作、能力交易、价值共创的双边市场。围绕工业知识的生产和扩散，开发者和用户交互融合，开发者既拉动了用户需求，又受需求扩张反哺自身快速成长，形成工业 App 开发和海量用户双向迭代、互促共进的良好格局，缓解传统供给模式对中小企业不够平等的难题。例如，沈阳机床和神州数码合作共建 SESOL 平台，提供消费者定制需求和闲置生产力供需对接服务，当一次交易完成，平台各方参与者都能从付费收益中获得分成。围绕协同协作，大中小企业集聚融合，基于平台进行知识交换、能力分享和模式创新，实现以供应链为纽带的浅层次合作向全生态体系间的深层次融合融通发展，有力支撑了中小企业的快速成长。阿里云依托“人工智能 ET 工业大脑”平台，集聚江苏省内 30 家信息服务企业技术能力，为 300 家制造企业提供信息系统重构、全流程改造、业务服务化转型等系统解决方案服务，推动大中小企业的合作从简单的技术传递向可交易、可协作的服务生态转变，为中小企业提供包容性增长的服务平台。

十二、行业性工业互联网平台汇聚“*M*”个场景化解决方案

行业性工业互联网平台分为三类：第一类是**跨行业跨领域综合型工业互联网平台**，聚焦多个行业、跨领域共性技术需求，形成跨行业跨领域综合性系统解决方案。第二类是**面向重点行业和区域的特色型工业互联网平台**，聚焦数字基础好、带动效应强的重点行业，形成行业特色工业互联网平台，推动行业知识经验在平台沉淀集聚。面向制造资源集聚程度高、产业转型需求迫切的区域，形成区域特色工业互联网平台，推动平台在“块状经济”产业集聚区落地。第三类是**面向特定技术领域的专业型工业互联网平台**，围绕特定工业场景和前沿信息技术，建设技术专业型工业互联网平台，推动前沿技术与工业机理模型融合创新，支撑构建数据驱动、软件定义、平台支撑、服务增值、智能主导的新型制造体系。行业性平台汇聚“M”个场景化解决方案。

（一）产品设计优化场景

在产品设计优化场景中，工业互联网平台可以将产品运行和用户使用行为数据反馈到设计和制造阶段，从而改进设计方案，加速创新迭代。

案例 1 海尔工厂依托 COSMOPlat 平台优化产品设计

【基本情况及问题】一方面，工业生产效能和利润增长乏力。无论是重

型设备还是消费品的制造，都面临着市场饱和甚至萎缩后的定价压力和利润缩水，而不断变化的定制需求挑战着产品和设备传统的生产效率。另一方面，生产企业面对环境和安全审查越发严格。特别是能源、石化等行业，不断趋向严格的环境标准意味着生产成本的增加。GE发现，现今的行业威胁不仅来自工业行业自身（如罗克韦尔自动化、西门子、联合科技等传统竞争对手），还来自行业以外的领域。其中，最明显的威胁来自互联网行业，因为不少传统行业已经被互联网巨头们彻底颠覆了：Google、Facebook颠覆了传统媒体和广告的商业模式，亚马逊重新定义了零售行业，而Airbnb在全球住宿领域开启了分享经济的时代。此外，通信领域巨头Cisco、AT&T，软件领域巨头Microsoft，以及解决方案巨头IBM等，也都对工业领域虎视眈眈。最后，还有一群创业公司也在伺机而动，这些创业公司没有数字化转型的压力，像互联网企业一样可以轻装上阵，产生颠覆效应。未来，传统企业必须进行数字化转型，并学会萃取产品中的数据价值（通过分析预测优化产品和服务），否则难以应对数字领域企业的跨界竞争。

【解决方案】Predix平台采用数字孪生技术，将工业设备的运行细节信息，通过部署的传感器进行数据采集，然后通过数据运算形成“数字化映射”（3D建模），企业可以在数字化映射的基础上进行生产操作的模拟演练，也可利用“增强现实”技术实现真实世界与虚拟设备的混合模拟测试，最终根据测试结果优化产品和操作流程。通过物理机械和分析技术的融合，数字孪生技术可以使工业领域的产品生命周期管理（PLM）流程延伸到设备生产和操作的现场，不仅满足对设备的预测性维护需要，还能追溯到下一个设备设计周期，以此建立起一个闭环的“设计—制造—运营—优化”的产品周期。

【应用效益】GE公司使用Predix平台助力自身发动机的设计优化，平台首先对产品交付后的使用数据进行采集分析，依托大量历史积累数据的分析和航线运营信息的反馈，对设计端模型、参数和制造端工艺、流程进行优化，通过不断迭代实现了发动机的设计改进和性能提升。

（二）产品瑕疵检测场景

产品质量是工业企业关注的重要问题之一。最早在手工生产过程中产品质量是通过检测工人通过手工方式测量保证的，后来随着工业现代化水平的提高，机器自动化检测逐渐替代了部分的手工检测，检测效率和产品质量有了显著提高。然而，有部分需要主观判断的产品检测仍然需要通过人来进行，而人为检测依赖检测人员的经验，缺乏检测一致性，同时也不利于工厂自动化水平的提高。

工业互联网平台通过获取生产线上各项数据，对产品检验数据和“人机料法环”等过程数据进行关联性分析，从多个角度保证产品生产线的正常运转，避免发生生产异常。工业互联网平台中的边缘计算服务器在检测端通过深度学习的方式弥补机器检测与人工检测在经验方面的差距，依靠边缘计算器强大的计算能力可以进行模式识别等复杂计算，保证机器检测的有效性和一致性。最终实现产品质量自动化工厂的全机器检测，提高产品检测效率，降低产品不良率。富士康集团基于其平台实现全场产品良率自动诊断，打通车间产能、质量、人力、成本等各类运行状况数据，并对相关数据进行分析计算和大数据优化，使良率诊断时间缩短 90%。

案例 2 基于宝信平台的产品质量优化计

【基本情况及问题】宝钢集团所生产的钢材成品卷的表面质量是重要的质量指标之一。产品表面上任何划痕、孔洞、指纹和凹坑等都属于产品质量瑕疵，过去这些表面瑕疵的检测手段是难以用传统传感器来实现的，只能依靠人工检测。然而人工检测可能出现人为错误，不利于产品质量的闭环控制。

【解决方案】宝钢集团选择使用宝信平台作为产品质量优化的解决方案（见图 5-1）。宝信平台主要分成三级架构，第一级是面向工业现场的边缘计算，第二级是部署在云端的大数据平台，第三级是面向企业各种业务的应用系统。宝信平台可根据钢铁制造数据特征和业务要求，实现数据存储、传输和获取的标准化。目前，宝钢集团已经基于宝信平台，通过现场设备数据的采集和协议转换，实现了企业 OT 层与 IT 层的打通，使数据得以在整个制造系统和 IT 系统之间高效流通。宝钢集团通过宝信平台，实现了表检仪实时分析。首先将生产缺陷以图像形式经表检仪上传到宝信平台，平台参照图像数据库确定产品缺陷等级，然后将这些标定好的图像库通过机器学习算法进行处理，形成缺陷等级分类器，最后将数据传送到现场的边缘服务器上，快速对产线上的产品缺陷等级进行分类，并发送指令对生产过程进行干预。

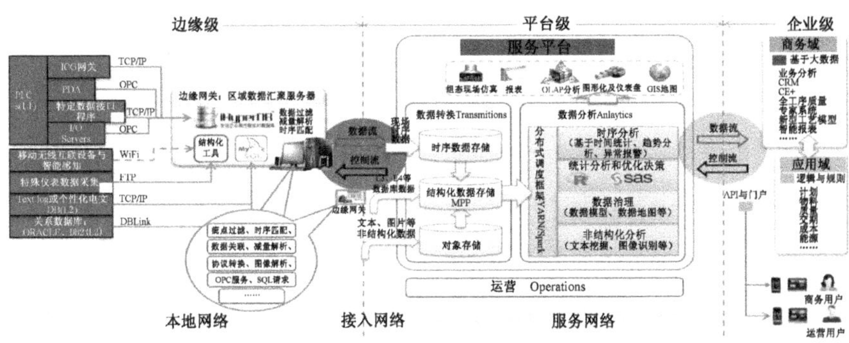

图 5-1　宝信平台

【应用效益】凭借宝信平台产品，宝钢实现了对多源、多结构数据信息的融合处理，完成了对生产过程中的钢板进行质量闭环控制，减少了人工的直接参与，减轻了工人的劳动强度，降低了出错的概率，同时也减少了人力成本的投入。

（三）生产流程优化场景

通过工业互联网平台在工业现场的部署，实现对各类生产数据的广泛集成与分析决策。传统生产方式中，大量现场生产数据分散于加工装备、PLC、上位机、SCADA 等不同系统，未获得充分集成和有效利用。通过工业互联网平台在工业现场的部署，可以实现一系列智能化应用功能。一是设备运行优化，通过实时监测设备的运行状态数据，分析和预测设备异常，提高设备稳定性和使用效率；二是工艺参数优化，对设备运行数据和生产控制数据进行分析，找出生产加工过程中的最优工作参数，提升加工品质；三是质量管理优化，基于产品检验数据和"人机料法环"等过程数据进行关联性分析，实现实时的质量监测和异常分析，降低产品不良率；四是生产管理优化，通过对生产进度、物料管理、企业管理等数据的分析，提高排产、进度、物料、人员等方面管理的准确性，提高生产效率。例如，博世基于平台为欧司朗集团提供生产绩效管理服务，可在生产环境中协调不同来源的数据，提取有价值的信息并自动运用专家知识进行评估，实现了生产任务的自动分配。

案例 3 基于 COSMOPlat 平台实现生产流程优化

【基本情况及问题】在传统生产模式下，海尔的一个成品在生产过程中需要经过 OMS（订单管理系统）、OES（原装配件供应商管理）、APS（高级生产计划排程）、ERP、MES、WMS、LES 等多套系统。由于系统间信息互联互通不充分，导致出现如下问题：在生产过程中对资源制约因素无法量化或可视化；从订单排程到生产制造中间有多个环节需要人工沟通，造成时间上的浪费和信息的不对称；生产过程中的异常，上层系统无法做出实时响应，导致异常停线时间超预期；物料信息不匹配，无法支持智能拉料；

上游供货信息与生产信息不对称，间接导致提前备料，增加库存成本等。

【解决方案】工厂数据互联互通。为了实现各系统间数据的互联互通，加强生产过程中的信息共享能力，提高生产效率，降低库存成本，海尔集团启动了 COSMO-IM 项目，打造适应大规模定制生产模式的 MES 系统，通过 COSMO-IM 平台整合生产相关系统，如 PLM、ERP、SCADA 等。基于业务系统整合与集成，完成了制造端统一的业务处理，统一的数据流转。

物料智能管理。COSMO-IM 集成 SRM、WMS、HMQM（来料质检）、GVS（收货）等系统，通过对业务数据的打通及业务流程整合，由以前的外部物流集中入厂，改变为当前的基于生产计划安排外部物流有序进厂。

生产数据可视化。一方面，对各互联工厂的生产执行情况进行实时掌握，实现全面的可视化，达到对内可以满足集团、工厂及各职能部门管理需求，对外可以满足用户个性化定制的订单全过程追踪需求；另一方面，通过设备报警和预警显示，并对报警的问题闭环处理，实现快速排故及设备预测性检修。

生产质量追溯。通过对质量影响因素识别与关联分析，以及对集团级质量控制和过程的追溯，对质量状况、质量问题进行实时监控和分析，使订单合格率在原有基础上进一步提高。

【应用效益】业务数据系统与制造执行系统之间的数据自动流转率达到 100%，IT 系统与 OT 系统间互联互通率达 100%，制造端库存备货周期从 T+1 天降为 T+2 小时，设备整体利用率提高 35%，交付周期缩短 50%，新工厂的原材仓库占地面积减少 60%，设备停机时间降低 20%，订单合格率提高 2%。

（四）设备健康管理场景

自动化工厂中高端智能设备不断增加，其维修难度也越来越大。目前设备维护方面存在以下问题：一是“定期检修”传统设备维护模式易造成维修成本过高，工期无法控制。在定期维护模式下，常出现“过度维修”与“维修不及时”的情况，两者均会直接影响设备有效运行时间，事后维修会造成工期延长，均导致运行维护成本的上升，严重影响用户生产主业。二是缺乏健全的设备全生命周期管理档案，维护信息碎片化，断序严重。由于缺乏专业的检修人员，大多数空分企业设备检修通常采用外包方式进行，在没有设备大数据全生命周期管理系统支持的情况下，容易造成设备维护管理信息不连贯，没有继承性，碎片化严重。三是传统设备维修外包服务，容易丧失企业对设备资产的掌控。没有设备信息数据系统支持的设备外包通常会隔绝用户对设备状态的感知与把握，使用户对外包方产生依赖，不断削弱企业对设备维护成本的掌控。

工业互联网平台结合智能设备历史数据与实时运行数据，构建数字孪生模型，及时监控设备运行状态，并实现设备预测性维护，避免设备故障影响企业生产。同时针对高端智能设备建立全生命周期档案，加强对生产设备的健康管理，做到维修过程有据可查，提高企业对设备资产的掌控能力，减少在高端设备维修过程中产生的大量维修外包费用。例如，嵌入式计算机产品供应商 Kontron 公司基于 Intel IoT 平台智能网关和监测技术，可将机器运行数据和故障参数发送到后台系统进行建模分析，实现板卡类制造设备的预测性维护。

案例 4 布鲁斯电力公司核电设备健康管理

【基本情况及问题】布鲁斯电力公司通过 8 个能够生产多达 800 兆瓦的核反应堆为加拿大安大略省提供约 30% 的基础电力，但仍面临发电效率低下、核电设备维护难度大等问题，公司对设备的定期维护也缺乏统一管理，容易造成延误。

【解决方案】布鲁斯电力公司选择 GE 公司的 Predix 平台作为核电设

备运维管理的解决途径。Predix 平台架构分为三层，边缘连接层、基础设施层和应用服务层。其中，边缘连接层主要负责收集数据并将数据传输到云端；平台层主要提供基于全球范围的安全的云基础架构，满足日常的工业工作负载和监督的需求；应用服务层主要负责提供工业微服务和各种服务交互的框架，主要提供创建、测试、运行工业互联网程序的环境和微服务市场。通过 Predix 平台的 APM 功能，GE 公司为布鲁斯电力公司提供了核电设备实时监控和故障反馈服务，设备运行数据实现可视化管理，满足高等级的核电安全标准，平台参考设备生命周期模型分析参数后确定最佳安全维护周期，并对危险系数较高的设备提供实时预警服务。

【应用效益】凭借 Predix 平台，布鲁斯电力公司的单个核电设备连续运行 500 天即可为当地提供全年 15%的电力，效率大幅上升，平均发电价格降低了 30%，设备稳定性明显上升。

（五）能耗管理场景

随着人们对于能源领域的关注，各领先企业都在改变其对电力、天然气及其他资源进行采购、销售、使用和跟踪的方式。对这些工作内容进行综合性管理赋予企业对其整体业绩的一个全局视角——并支持重要数据的获取，用以改进策略，驱动创新。通过降低能耗和对环境的影响，企业能够实现实时的、长期的节能，并在市场中获得竞争优势。

基于现场能耗数据的采集与分析，工业互联网平台可以对设备、产线、场景能效使用进行合理规划，提高能源使用效率，实现节能减排。通过对工厂内各类设备耗能状况及能源产、输、转、耗全过程的监控和分析，实现工厂全局性的能耗优化。例如，施耐德为康密劳硅锰及电解锰冶炼工厂提供 EcoStruxure 能效管理平台服务，建立能源设备管理、生产能耗分析、能源事件管理等功能集成的统一架构，实现了锰矿生产过程中的能耗优化。

案例 5 埃赫曼-康密劳基于 EcoStruxure 平台的能耗管理优化

【基本情况及问题】作为钢材最基本的组成元素，锰是现代工业及生产中非常重要的基础性大宗原料，对于各国的发展具有非凡的战略意义。埃赫曼—康密劳是全球第二大高品位锰矿生产商，以及产品品种最齐全的锰合金生产商之一，近年来锰矿的需求不断增加，锰矿价格持续攀升促使康密劳加大对当地锰资源的开发与深加工力度。

【解决方案】针对冶炼复杂的工艺和繁复的生产过程，施耐德电气推出的 EcoStruxure 能效管理平台，融合了施耐德电气多年来在电力、工业、建筑楼宇、数据中心和安防五大领域的独特技术和专业经验，提高各个过程与系统之间的兼容性、协同性和生产效率。EcoStruxure 能效管理平台能够实现能源设备管理、生产能耗分析、能源事件管理、能流数据分析、能源管理报告等功能，通过闭环的信息链来建立能源管理持续改善的活动。以太网通信技术 Ethernet/IP 将生产过程中的过程数据实时传递给现场设备操作人员及生产管理人员，从而实现对采矿与生产的规划、控制和优化，简化了各个层级的通信架构，使生产现场层与管理层无缝衔接。开放的以太网技术提高了采矿设施的可扩展性与灵活性，并延长了服务周期。此外，施耐德电气全球服务网络可以为客户提供针对性的长期维护方案，挖掘客户全项目周期内最大化潜在价值，完全满足客户节能、高效的项目需求。

【应用效益】施耐德电气提供的基于知识库的解决方案能有效跟踪从电力、水资源到机械运转和人员浪费各种形式的能耗，为客户减少了 30% 的资本成本。同时依托施耐德全球服务网络，为客户提供针对性的长期维护方案，使客户全项目周期的潜在价值实现了最大化，完全满足了客户节能、高效的项目需求。

（六）融资租赁场景

融资租赁场景中，工业互联网平台通过工业数据的汇聚分析，为金融行业提供评估支撑，为银行贷款、股权投资、企业保险等金融业务提供量化依据。如树根互联与久隆保险基于根云 RootCloud 共同推出 UBI 挖机延保产品数据平台，明确适合开展业务的机器类型，指导保险对每一档进行精准定价。

工业互联网平台通过挖掘工业设备的数据价值，助力企业的业务模式创新，实现平台服务的价值延伸。工业互联平台技术的快速发展正带来业务模式变革，尤其在产业链金融、服务型制造、共享经济等方面形成了创新型模式和业态。一是产业链金融。工业互联网平台通过融合工业数据和融资贷款、金融征信与资产风险管控数据，重点解决企业资产管理、信用风险评级和融资贷款问题。二是服务型制造。工业互联网平台基于实时数据，支撑企业实现从硬件收入到服务收入的模式创新，包括面向硬件的服务费用以及基于平台的软件收入。三是共享经济。工业互联网平台利用区块链共享账本、记录不可篡改等特性，针对制造企业、产业金融机构提供融资租赁和运营租赁业务。

案例 6　树根互联与久隆保险共同推出的 UBI 挖机延保产品数据平台

【基本情况及问题】工业互联网平台在定价、风控、监管方面拥有显著的业务优势，通过工业互联网技术的应用，可以帮助银行对抵押物实行全面监控，及时了解供应链上下游企业的经营状况，还可以帮助保险公司掌握车辆或者特种设备的健康状态、车辆驾驶员行为习惯，实现精准定价。

树根互联与久隆保险、三湘银行紧密合作，将工业互联网技术与大数据分析应用于动产融资、UBI保险等领域，推出相关服务。

【解决方案】关键设备及零部件数据采集与分析：以挖机数据和维修换件数据为基础，完成数据的评估和分析，针对设备使用情况与设备故障维修情况进行大数据挖掘与建模，建立挖机设备质量评估指数。

基于数据分析确定产品定价：根据模型成果开发用于精算定价与风险选择的数据产品，在用户使用场景、风险管理上为保险公司的精算和产品研发部门提供技术、数据及运营支持，并根据挖机质量评估指数，结合其他变量信息，帮助其完成UBI产品及延保产品的定价。

提供多级灵活的数据服务：提供数据清洗与管理服务、设备工况画像分析服务、设备维保画像分析服务，结合工况、维保数据、保险经验构建质量评估指数/维修概率预测模型分析服务。

【应用效益】从保费规模、利润、承保机器数量出发，明确适合开展业务的机器类型；对于开展业务的设备，其设备维修费用及利润比例都可明确分析与排序，并指导保险对于每一档进行精准定价。

（七）制造能力交易场景

制造能力交易场景，工业企业通过工业互联网平台对外开放空闲制造能力，实现制造能力的在线租用和利益分配。例如，沈阳机床基于iSESOL平台向奥邦锻造公司提供了i5机床租赁服务，通过平台以融资租赁模式向奥邦锻造公司提供机床，按照制造能力付费，有效降低了用户资金门槛，释放了产能。

案例 7 基于 iSESOL 云平台的机床租赁应用

【基本情况及问题】沈阳机床为节省现金流，计划采用租赁模式投入 5000 套智能装备，并对各分支工厂制造流程进行实时监控，提升运维服务速度和质量。

【解决方案】iSESOL 平台通过对装备互联产生的工业数据，构建行业供需对接、生产力协同与产品定制的批量生产服务，打造新制造业态，提高全社会的装备利用率，提升中国制造核心竞争力。通过 iSESOL 平台的分时租赁功能，该公司成功构建设备服务平台，接入上百台装备，提升设备运行状况及加工效果，并在制造过程中实现了云端远程监控和数据分析，制造工艺得到优化（见图 5-2）。

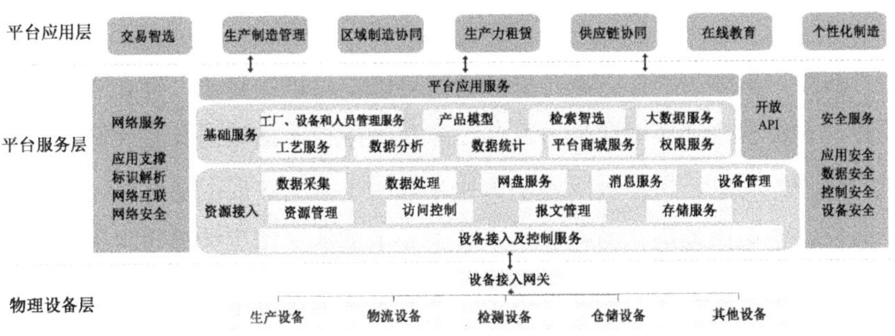

图 5-2　iSESOL 平台

【应用效益】2014 年，沈阳机床开始实施“i5”战略，构建智能工厂新模式；2015 年，在完成核心技术突破并迅速推出迭代开发的两个智能机床系列产品的基础上，沈阳机床抢抓智能高端机床市场增长机遇，采用融资租赁的新商业模式，在传统机床全年同比下降 8.6%的情况下，实现 i5 智能机床产品市场订单超 5000 台，实际发货超 3000 台，同比增长 400%。2016 年，沈阳机床向市场推出 6 款 i5 智能机床全系列产品，并在全国建立 30 个智能工厂，其中在深圳市建立 20 个，并全部接入 iSESOL 平台，形成一个完整的闭环，以智能制造带动中国制造转型升级。

（八）产业链协同场景

工业互联网平台在企业层基于供需数据的集成对接实现企业间协同制造。通过工业互联网平台部署，实现协同商务、协同研发、协同生产和智能服务等制造全产业链服务功能，实现复杂产品的网络化协同制造。

实现设计协同，在平台中进行云端设计，并基于云平台的协同能力，建立涵盖复杂产品多学科专业的虚拟样机系统，通过仿真完成系统级的整体评估和验证工作，实现复杂产品的多学科设计优化。

实现生产协同，提供线上核心工业软件服务，实现跨企业工艺协同，以及以计划为主线的生产全流程（进度、质量）管控。

实现供应链协同，工业互联网平台可以汇集供应链上下游企业需求、库存、销售及外部环境数据，并通过共享服务将关键数据及时分发给各环节的用户。同时，用户可以借助工业互联网平台的数据挖掘能力，基于历史数据进行销售预测，并根据上下游企业供需情况预测结果和共享数据实时地调整生产计划和产品交付周期，实现供需精准对接。例如，河南航天液压气动技术有限公司基于航天云网 INDICS 平台实现了与总体设计部、总装厂所的协同研发与工艺设计，使研发设计周期缩短 35%、资源有效利用率提升 30%，生产效率提高 40%，产品质量一致性得到大幅度提升。

案例 8 河南航天液压气动技术有限公司基于 INDICS 平台实现协同制造

【基本情况及问题】河南航天液压气动技术有限公司是中国航天科工集团下属的专业高端液压气动元件生产企业，但其缺少有效的手段来固化业务流程，存在重复劳动、工作效率低下、产品设计周期较长、产品质量无法保证等问题。

【解决方案】提供云化设计工具：通过INIDICS平台部署，实现云端单学科设计，进一步通过云平台提供的协同调度/管理功能，建立涵盖复杂产品多学科专业的虚拟样机系统，通过仿真完成系统级的整体评估和验证工作，实现复杂产品的多学科设计优化；大幅度缩短研制周期，提高产品质量，降低实物样机成本。线上核心工业软件服务：通过引入INDICS平台CPDM系统，实现了与总体设计部、总装厂所的研发设计与工艺设计的并行协同，设计审查与工艺审查的并行协同。通用化跨企业计划排产：通过部署INDICS平台，实现从ERP主计划到CRP能力计划再到CMES作业计划的全过程管控，并通过CMES实现计划进度采集反馈和质量分析，最终实现全流程管控。

【应用效益】通过工业互联网平台网络化协同技术应用，企业研发设计周期缩短35%、资源有效利用率提升30%，生产效率提高40%，产品质量一致性得到大幅度提升。

十三、作用对比分析

不同于大型企业，中小企业由于自身体量较小、能力较弱，其发展路径更加倾向于以某一领域的“杀手级应用”为抓手，打造单品“爆款”，快速突破营收瓶颈，进行资源积累。这就需要较高的技术投入与产出密度，迫切需要更加专业化的平台为其提供性价比高的支持服务。行业性工业互联网平台聚焦垂直行业领域应用，汇聚了行业内大量系统解决方案，覆盖行业内各个细分领域，对于中小企业能够提供更具针对性的应用支持。**行业性工业互联网平台能够较好地满足中小企业在某一单点领域实现“0—1”的突破。**随着中小企业的发展，企业往往需要自建工业互联网平台，此时中小企业更多需要基础性工业互联网平台，在基础性工业互联网平台的基础上搭建符合自身发展的定制化模式。此外，业务范围和单点突破的不断扩大，中小企业需要进一步拓展行业应用，寻找新的增长点。**基础性工业互联网平台能够通过“1+3”的公共服务体系，为中小企业链接行业以外的资源和渠道提供支持，助力中小企业实现业务“1-*N*”的拓展。**

（一）行业性平台助力中小企业实现“0—1”单点突破

1. 行业性工业互联网平台为中小企业提供承载丰富机理模型的行业级工业 PaaS

工业 PaaS 是工业互联网平台的核心，没有工业 PaaS，平台企业只能依托自身提供有限、封闭、定制化的工业 App，难以依托第三方开发者去开发海量、开放、通用的工业 App。行业级工业 PaaS 向下可为连接各类设备提供统一的接口，实现不同设备之间的互联互通，向上可承载各种各样的工业 App，同时自身拥有细分行业的算法库、模型库、知识库等行业机理模型，供海量第三方工业 App 开发者进行调用。行业级工业互联网平台为中小企业提供专业化的行业级工业 PaaS，形成该行业独有的工业 App 开发生态，“更懂”中小企业的开发需求。

2. 行业性工业互联网平台为中小企业提供更完整的端到端解决方案能力

一方面，平台企业面向细分行业具备设备互联、边缘计算、工业数据建模分析、海量工业知识沉淀、高效工业 App 开发、开发者社区建设等一体化端到端改造能力；另一方面，平台面向细分行业生产全要素、全流程、全产业链、全生命周期管理的管理和服务开发形成了一系列工业 App，同时，平台应具备工业 App 的再封装、再组态能力，可快速形成个性化的行业整体解决方案，加快工业互联网平台在不同企业的落地速度。

3. 行业性工业互联网平台为中小企业匹配更加优质的服务资源

行业性工业互联网平台更加专注于行业内部发展，不同于基础性工业互联网平台，行业级工业互联网平台发展更加垂直化，更有精力为本行业内的中小企业提供服务，并且了解中小企业的实际需求，进而在产能交易、协同研发、供需对接方面进行快速匹配。基于行业性工业互联网平台的解决方案复用度较高，极大地降低了结局方案跨行业应用的调试门槛，有效降低中小企业应用成本，帮助中小企业快速发展。

（二）基础性工业互联网平台助力中小企业实现“1—*N*”横向拓展

1. 基础性工业互联网平台为中小企业提供更加强大的技术支持

基础性工业互联网平台具备专业的数据集成、IaaS 技术平台使能、数据管理、微服务部署、负载均衡、数据安全等基础使能技术，其品牌可信度相对于行业性平台更高。平台承载多种业务开发模式，能够对中小企业的资源管理、业务流程、生产过程、供应链管理等环节进行优化，可实现中小企业与外部用户需求、创新资源及生产能力的对接，帮助中小企业快速实现平台化运营，解决其业务系统云化部署的难点。

2. 基础性工业互联网平台为中小企业提供更加全面的保障服务

中小企业由单点突破走向多点开放的过程中，涉及金融、技术、人才等多个要素的保障需求，行业性工业互联网平台的局限性难以为中小企业提供更加全面的服务。而基础性工业互联网平台能够发挥出更大的效果，依靠自身体量和实力优势，可为中小企业提供业务流程咨询、软件部署实施、平台二次开发、功能上线调试、系统运行维护、人才管理培训、融资担保等一体化的综合性服务，帮助中小企业抵御风险，加速中小企业参与市场竞争和走向壮大。

3. 基础性工业互联网平台为中小企业提供更加广阔的应用市场

基础性工业互联网平台大都由资源整合能力强的龙头企业牵头建立，并通过建立开发者社区、开源社区等聚焦一批用户企业、解决方案提供商、软件开发者，形成一个海量应用海量用户双向迭代的双边市场。基于基础性工业互联网平台，一方面，可以通过吸收其他行业领域的专业技术解决本行业存在的问题，避免“内卷化”竞争；另一方面，中小企业可以更多地输出自身的产品和解决方案，实现跨行业、跨领域的业务拓展，获取更广阔的应用市场。

（三）“1+3+*M*”体系共同助力中小企业包容性增长

“1”个共性技术体系是基础，“3”个服务体系是保障，“*M*”个场景化解决方案是关键。“1+3+M”体系共同助力中小企业包容性增长。

1. “1”个共性技术体系

重点解决中小企业缺少技术的难题，降低中小企业的平台化研发、部署、应用、开发成本，使中小企业从繁重的基础性建设中解脱出来，更多地聚焦其“杀手锏”核心技术的研发突破。

2. “3”个保障服务体系

围绕“促融资、助共享、扩市场”建立适合中小企业成长的环境空间。基于工业生产运营数据的征信体系将中小企业“隐性信用”显性化，打破了传统的融资征信模式，保障中小企业稳定持续获得融资。基于工业互联网平台的工业知识交易体系，加速中小企业工业机理、模型、App的交换、传播与应用，大幅降低使用门槛。基于工业互联网平台的产业分工协作体系，将建设者、开发者、用户、产业链上下游企业、中小微企业、其他利益相关者连接在一起，形成一个超大规模的创新协作、能力交易、价值共创的双边市场，为中小企业提供更为广阔的发展空间。

3. “M”个场景化解决方案

为中小企业搭建“专精特新”解决方案资源池，聚焦行业重点领域的场景化解决方案，助力中小企业加快实现业务上的单点突破，打造单品“爆款”，快速突破营收瓶颈，进行资源积累。

十四、工业互联网平台推动中小企业包容性增长实施探索

工业互联网平台面向制造业数字化、网络化、智能化需求，构建基于海量数据采集、汇聚、分析的服务体系，是支撑制造资源泛在连接、弹性供给、高效配置的载体，可实现人员、设备、物料、系统的全面链接，大幅优化制造业资源配置效率，构筑中小企业包容性增长的重要基础设施。基于工业互联网平台推动中小企业数字化转型，进而为实现其包容性增长提供坚实支撑，是数字经济时代中小企业转型升级发展的必由路径。然而数字化转型不可能一蹴而就，包容性增长绝非“一日之功”，不同行业有其发力的重点。

钢铁行业。侧重工艺优化智能化。钢铁行业面临设备维护低效化、生产过程黑箱化、下游需求碎片化、环保压力加剧化等痛点，应以工艺优化为切入点，加速向设备运维智能化、生产工艺透明化、供应链协同全局化、环保管理清洁化等方向的数字化转型。

石化行业。侧重生产过程智能化。石化行业面临设备管理不透明、工艺知识传承难、产业链上下游协同水平不高、安全生产压力大的痛点，应以设备智能管控为切入点，在设备健康管理、智能炼化生产、供应链协同、安全监控四个方向开展数字化转型。

风电行业。侧重设备运维和风场管理智能化。风电行业面临风场设计周期长、设备维护成本高、并网协调效率低、弃风漏风较严重等痛点，应以设计、生产、运维、服务等环节作为切入点，从现场深度化感知、设备智能化运维、风场数字化管理、精准柔性供电等方向加速数字化转型。

航空航天行业。侧重设计、制造、管理、运维网络化协同。航空航天属于较为复杂的离散行业之一，面临数据源差异大、模型适配性差、管理调整能力差、故障预测能力差等痛点，应以网络化协同为切入点，从整合研发资源、重构生产范式、变革管理模式、提升维护效率等方向进行数字化转型。

家电行业。侧重生产定制化和供应链整合。家电行业面临生产智能化水平低、供应链协同效率低、行业营收增速放缓等痛点，应以个性化定制为切入点，加速向生产方式柔性化、经营管理平台化、产品服务生态化等方向数字化。

工程机械行业。侧重设备运维和解决方案延伸。工程机械行业面临资源调配效率低下、机械设备运维困难、金融生态不完善等痛点，应以设备健康管理为切入点，加速向设备运维智能化、经营管理精益化、生产制造服务化等方向数字化转型。

聚焦不同行业的特点、重点和差异性，我们从包容性增长需求诊断、工业互联网平台适配、工业互联网平台部署、包容性增长成效评估四方面提出利用工业互联网平台推动中小企业包容性增长的实施方法论。

（一）包容性增长需求诊断

中小企业结合自身发展特点，以数据驱动为落脚点，重点围绕资金链稳定、技术链透明、市场链持续等方面的痛点，聚焦数字化研发协同、工业设备连接、生产计划优化、物流协同、数字化质量管控、企业智能运营、产品远程运维、数字营销等节点，依托工业互联网平台技术供应方或第三方机构基于行业经验和相关标准进行诊断分析，明确中小企业数字化转型需求，并在此基础上形成包容性增长需求清单。

（二）工业互联网平台适配

工业互联网平台技术供应方及第三方机构在准确判断中小企业包容性增长需求的基础上，详细分析梳理中小企业应用工业互联网平台的价值场景，工业互联网平台建设与应用过程同企业原有资产的继承性、兼容性，投入产出比，平台可支持的部署方式，以及平台适配的前瞻性、迭代性、拓展性、易维护性、安全性等，提出中小企业工业互联网平台适配的参考原则和要点清单。

（三）工业互联网平台部署

中小企业在全面厘清自身包容性增长需求和工业互联网平台选型方向的基础上，组织企业内 IT、OT 部门或依托工业互联网平台技术供应方及第三方机构相互协作，立足应用场景，聚焦工业设备、软件、数据、标准等资源管理能力建设和计算、应用开发、互操作、安全等应用服务能力建设，以及与之相关的其他能力建设，制订中小企业工业互联网平台部署方案，并完成部署。

（四）包容性增长成效评估

第三方机构建立中小企业包容性增长成效评估体系，重点以离散型、流程型中小企业为目标对象，聚焦互联互通、综合集成、数据分析利用等关键要素，划分能力等级，评价中小企业应用工业互联网平台在数字化研发协同、工业设备连接、生产计划优化、物流协同、数字化质量管控、企业智能运营、产品远程运维、数字营销等方面取得的成效，形成评估报告，以评带建、以评促发展。

第六章

Chapter 6

工业互联网平台加速中小企业数据资源共享

十五、数据是新型生产要素

（一）抓住数字经济时代机遇

近年来，数字经济已经成为我国经济高质量发展的核心增长点。数字经济的核心是数字产业化和产业数字化。数字产业化多指基于数据信息技术产业，包括但不限于人工智能、区块链、云计算、大数据等技术、产品及服务；产业数字化则代表着信息技术与传统行业的深度融合，其重心将由服务业向制造业和建筑业转移。在数字经济整体规模扩张的过程中，数字经济内部结构逐渐变化，产业数字化比重逐年提升，数字技术带动产业转型升级效用进一步凸显，为数字经济向更深层次、更广领域发展注入源源不断的动力。

我国数字经济政策体系已初步构建。在国家层面，2015 年，《中华人民共和国国民经济和社会发展第十三个五年规划纲要》提出实施国家大数据战略，推进数据资源开放共享；2017 年，党的十九大报告中提出，推动“互联网+”深入发展，促进数字经济加快成长；2019 年，国家发展和改革委员会、中共中央网络安全和信息化委员会办公室联合印发《国家数字经济创新发展试验区实施方案》，在河北省（雄安新区）、浙江省、福建省、广东省、重庆市、四川省启动国家数字经济创新发展试验区，进行 3 年左右探索，在数字产业化和产业数字化方面取得显著成效；2020 年 4 月，中共中央、国务院《关于构建更加完善的要素市场化配置体制机制的意见》发布，数据作为一种新型生产要素被纳入其中，提出推进政府数据开放共享，提升社会数据资源价值，加强数据资源整合和安全保护。2020 年 7 月，国家发展和改革委员会等 13 部门联合印发《关于支持新业态新模式健康发展激活消费市场带动扩大就业的意见》，培育产业平台化发展生态，加快传统企业数字化转型步伐，打造跨越物理边界的“虚拟”产业园和产业集群，发展基于新技术的“无人经济”。在地方层面，数字经济相关战略引导也不断加强。截至 2020 年年底，我国（省、自治区、直辖市）共出台 60 余项数字经济相关政策，包括数字经济发展行动计划、产业规划、补贴政策等，如 2021 年 1 月上海市出台的《关于全面推进上海城市数字化转型的意见》，2020 年 12 月浙江省出台的《浙江省数字经济促进条例》。同时，数字经济发展政策已从聚焦当地发展拓展到区域性协同发展，如 2020 年 5 月江苏和宁夏发布的《2020 年江苏宁夏数字经济合作重点工作》。

（二）数据要素内涵及特征

我国高度重视数据在经济社会发展的作用。2017 年，工业和信息化部印发《大数据产业发展规划（2016—2020 年）》，提出数据是国家基础性战略资源，是 21 世纪的“钻石矿”。2020 年 4 月，工业和信息化部发布《关于工业大数据发展的指导意见》，特别提到要激发工业数据市场活力，培育工业数据市场。2020 年 4 月，中共中央、国务院发布《关于构建更加完善的要素市场化配置体制机制的意见》，提出土地、劳动力、资本、技术、数据五个要素领域的改革方向和具体举措，其中土地、劳动力、资本和技术是四类传统要素，数据则是第一次作为生产要素被提出，是数字时代的新型生产要素，是人工智能等新技术发展应用的基础性资源，对于其他要素的倍增效应和乘数作用日益凸显。要素是政府调控经济、促进社会公平的有力手段，要素有效配置是社会经济体制有效运行的基础。在国家宏观层面，数据已经成为国家重要的战略资源，是全球竞争的制高点。在企业微观层面，数据是企业的核心资产。数据要素正以更深度的方式为经济社会发展赋能，也为推动中小企业高质量发展提供重要支撑。传统要素与数据要素的有效融合，将推动要素市场效率提升，提升全球要素市场影响力，进而构筑地区、国家经济核心竞争力。就土地要素而言，加强土地数据资源互联互通，可提升土地流转效率，通过建立农村土地交易大数据系统，将加快土地要素市场化的步伐。就劳动力要素而言，数字技术逐步释放人类聪明才智，通过构建完善劳动力数据资源体系，构建数字人才培养体系，将深层激发劳动力潜力，提升经济主体未来竞争力。就资本要素而言，信用是资本流转的基础，基于数据资源要素完善社会信用评估方式，进而推动资本市场数字化运行。就技术要素而言，数据要素和技术要素的融合应用，将驱动技术创新，完善技术交易体系。

随着 5G、工业互联网、人工智能等信息技术的发展，数据产业发展将步入深度发展阶段。根据企业业务环节对数据进行分类，包括但不限于研发类数据（研发设计数据、开发测试数据等）、生产类数据（控制信息数据、工况状态数据、工艺参数、系统日志数据等）、运维数据（物流数据、产品售后服务数据等）、管理数据（系统设备资产数据、客户和产品数据、产品供应链数据、业务统计数据）、外部数据（与其他主体共享的数据等）。根据数据重要性及其被篡改、破坏、泄露或非法利用后的潜在影响，企业数据可分为一级工业数据、二级工业数据和三级工业数据，影响程度依次加深。其中，一级工业数据对于正常生产运行、直接经济损失等潜在影响较小；二级工业数据的潜在影响范围更大、程度更深，其易引发生产安全事故造成直接经济损失，造成多行业、多区域级联效应明显；三级工业数据对国民经济、行业发展、公众利益、社会秩序和国家安全具有潜在重大影响。

（三）培育发展数据要素市场

1. 数据要素市场内涵

数据要素市场是指用市场机制实现数据要素的优化配置。原始的、分散的非结构化数据不能产生任何价值，只有经过采集、存储、传输、汇聚、挖掘分析等加工处理过程才能转为化可投入生产的经济资源。虽然数据具有可再生、可复制等特征，不存在绝对稀缺性，但由于数据资源和数据加工处理能力分布不均衡，从满足社会需求角度来看，数据具有相对稀缺性，这就对数据要素的优化配置提出了要求。历史实践已经反复证明，市场机制是提高资源配置效率的有效途径。在数据要素的资源配置中，同样应该发挥市场的决定性作用，建设数据要素市场势在必行。

2. 数据要素市场分类

数据要素市场可分为一级市场和二级市场。一级市场旨在实现数据开放共享，主要以政府行政机制推进公共数据开放利用；二级市场旨在实现数据交易，主要以市场竞争机制提升社会数据资源价值。在一级市场方面，根据复旦大学联合国家信息中心数字中国研究院发布的《2020 中国地方政府数据开放报告》，截至 2020 年 4 月底，我国已有 130 个省级、副省级和地级政府上线了数据开放平台，其中省级平台 17 个，副省级和地级平台 113 个。在二级市场方面，四类主要的大数据交易平台分别为：由政府主导的大数据交易中心，由行业协会等组织机构主导的产业行业大数据交易平台，由互联网龙头企业主导的大数据交易平台，由垂直行业数据服务商主导的大数据交易平台。截至 2021 年，国内（含筹建）的大数据交易所（中心）已超过 30 个。

3. 培育数据要素市场

数据产权明晰是培育数据要素市场的基础。数据要素生产过程涉及主体复杂、数据要素权属不清，已成为制约数据要素交易的首要瓶颈。由于数据具有实时性、非独占性、可复制性、边际收益递增等特点，数据交易本质上是长期的数据服务，而非一次性的所有权转移。数据确权应从数据的特殊属性出发，构建数据独有的权利束，淡化所有权交易，强化使用权、收益权等多维权利的交易。

数据要素定价是培育数据要素市场的难点。资产定价是资产交易的前提，而数据要素的成本、收益难以确定，且缺乏公开、活跃的交易市场，给成本法、收益法、市场法等传统估值方法的使用造成了困难，阻碍数据要素市场形成。加之数据价值与数据质量、采集难度、时效性、应用场景等密切相关，是典型的非标准化资产，进一步增加了定价难度。可考虑从建立多层级多种类的数据交易市场入手，让市场针对不同的数据品种、应用场景探索不同的定价模型。

数据服务业态是激发数据要素市场活力的关键。功能单一是我国大数据交易成交量低的重要原因。大部分数据交易所主要为数据供需两端提供交易撮合服务，在数据加工、分析等增值服务方面相对薄弱，难以培养双边用户对交易市场的依赖。应鼓励数据聚合、融通、去识别处理、分析挖掘等数据服务新业态发展，激发数据要素市场活力。

（四）夯实数据基础设施

2020 年 4 月，工业和信息化部发布《关于工业大数据发展的指导意见》，提出加快数据汇聚，推动工业数据全面采集，加快工业设备互联互通，推动工业数据高质量汇聚，统筹国家工业大数据平台，特别提出建设国家工业互联网大数据中心，汇聚工业数据，支撑产业检测分析，赋能企业创新发展，提升行业安全运行水平。2020 年 7 月，《工业互联网专项工作组 2020 年工作计划》提出建设国家工业互联网大数据中心。2021 年，工业和信息化部印发的《工业互联网创新发展行动计划（2021—2023 年）》，提出到 2023 年基本建成国家工业互联网大数据中心体系，建设 20 个区域级分中心和 10 个行业级分中心，其中重点面向建材、有色、医药等流程行业及电子、汽车、装备、建筑等离散行业，建设行业大数据分中心，加强行业数据资源管理。加强工业互联网推广应用与银行、保险机构数字化转型的联动衔接，搭建基于工业互联网中小微数据集成和共享平台，探索工业互联网大数据在金融服务中的应用。在工业互联网融合发展基础较好的领域，建设一批统一规范的区域级工业互联网大数据分中心，汇聚数据资源达到PB级。建设场景驱动的高质量数据集，鼓励开展工业算法创新。开展数据创新应用，增强产业链供应链韧性。建设工业互联网大数据中心灾备中心，开展数据灾备服务，提升应急保障服务能力。

在新一代产业革命和技术革命时期，工业互联网发展走深向实，工业互联网数据成为工业领域各类信息的重要核心载体。国家工业互联网大数据中心成为至关重要的新型数据基础设施。国家工业互联网大数据中心通过汇聚、处理、分析、共享和应用各类数据资源，推动工业经济全要素、全产业链、全价值链的数据流通共享，实现对工业领域各类资源的统筹管理和调配，发挥数据作为核心生产要素参与价值创造和分配的能力。

在疫情防控工作中，国家工业互联网大数据中心充分发挥数据资源和技术优势，广泛汇聚医院、企业、政府、社会组织等2800余家单位的疫情防控物资需求，发布物资需求信息达5670多万条，通过对疫情防控物资供应链上下游企业产能、库存、原材料需求的实时监控，实现对物资的智能排产、优化调度、高效供应。汇聚多家工业互联网企业数据，形成对240余万家中小企业复工复产情况的全方位监测，为统筹做好疫情防控和经济社会发展工作提供了有力数据支撑。

十六、工业互联网平台激发数据资源价值

随着新一代信息技术的蓬勃发展，工业化和信息化深度融合，以数字化、网络化、智能化为主要标志的第四次工业革命加速兴起，工业互联网推动人、机、料、法、环等要素全面连接，生产制造方式、组织管理形态和创新应用模式发生深刻变化。在数字经济时代，一方面，工业互联网推动传统产业升级，催生智能化制造、网络化协同、个性化定制、服务化延伸、数字化管理等制造业新模式，助推企业提质、降本、增效、降耗，推动产业数字化；另一方面，工业互联网带动大数据、人工智能、工业芯片、模组等相关新兴产业发展，推动数字产业化。在数字经济时代，充分汇聚数据并利用数据资源、实现数据资源价值，推动生产方式和组织形态革新，是中小企业当下急需思考的问题。在新一代信息技术革命和产业革命融合交叉的时代，工业互联网平台提升中小企业数据采集、处理、汇聚、分析的能力，可推动中小企业变革生产管理方式和组织形态，提升中小企业核心竞争力。

（一）数据技术应用

工业互联网是大数据的来源，大数据则为工业互联网提供数据支撑，为企业生产经营管理提供决策支持。数据是工业互联网的核心要素。大数据、人工智能、区块链等新兴技术在工业互联网平台中得到充分推广应用，不断提升平台的连接能力和数据分析能力，赋能中小企业数字化转型。根据中国工业互联网研究院工业互联网平台赋能中小企业数字化转型调研数据，中小企业应用的技术覆盖较广，如图 6-1 所示，包括大数据、人工智

能、云计算和云存储、物联网、数据安全、5G 等通信技术、区块链、边缘计算、数字孪生和 AR/VR，其中大数据技术应用最广泛。

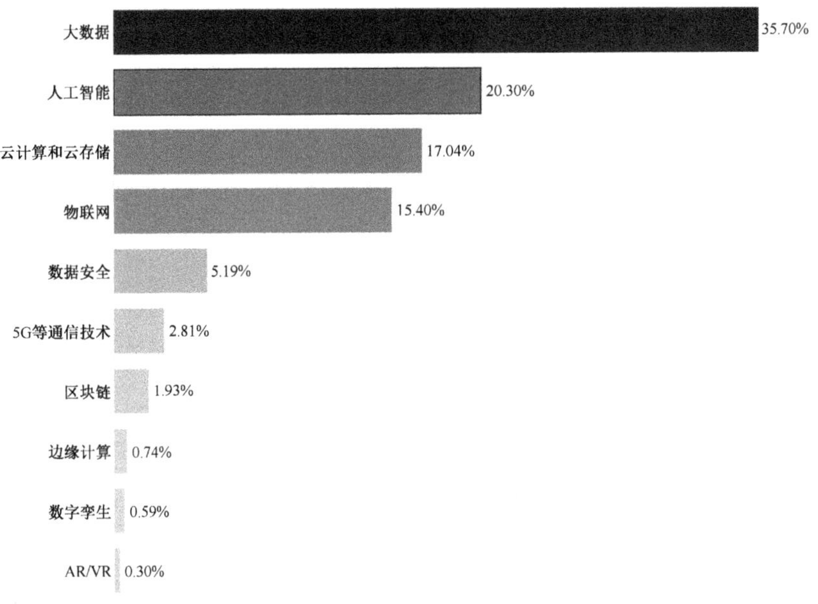

图 6-1　工业互联网平台相关新兴技术应用情况

工业互联网平台可以为企业提供数据采集与监视控制、大数据计算与分析、数据可视化分析、数据集成产品与服务、数据挖掘、数据总线及服务等功能。

数据采集与监视控制。通过部署硬件和软件，实时感知生产数据，通过有线或者无线方式传输至数据采集模块，汇聚之后集中展示工业现场数据已提供监视控制依据。

大数据计算与分析。大数据具有数据量大(Volume)、速度快(Velocity)、类型多（ Variety ）、价值高（ Value ）、真实性（ Veracity ）的特征，基于大数据进行现状分析、原因分析和预测分析，为企业经营管理提供数据和理论支持，推动企业智能化运营进程。

数据可视化分析。以图像形式展示数据，以便洞察数据、推断信息、观察变化、识别频率，以优化资源配置，提升企业效率。

数据集成产品与服务。通过联邦式、中间件模型和数据仓库等方式形成集成能力，把不同来源、不同格式和不同特点的数据进行有机集中，为企业提供全面数据共享的基础，帮助企业解决“数据孤岛”问题，提高信息共享和利用的效率。

数据挖掘。从大量的工业数据中通过算法搜索隐藏在数据中的信息，基于人工智能、机器学习、模式识别、数据库等自动分析企业数据，形成决策支持。

数据总线产品及服务。使用数据在产品全生命周期范围描述产品，通过数字技术打通研发设计、生产制造、供应链、运维服务等环节数据，整合产品全生命周期功能环节，建立产品数字模型集成数据。

根据中国工业互联网研究院的调研数据，如图 6-2 所示，目前，中小

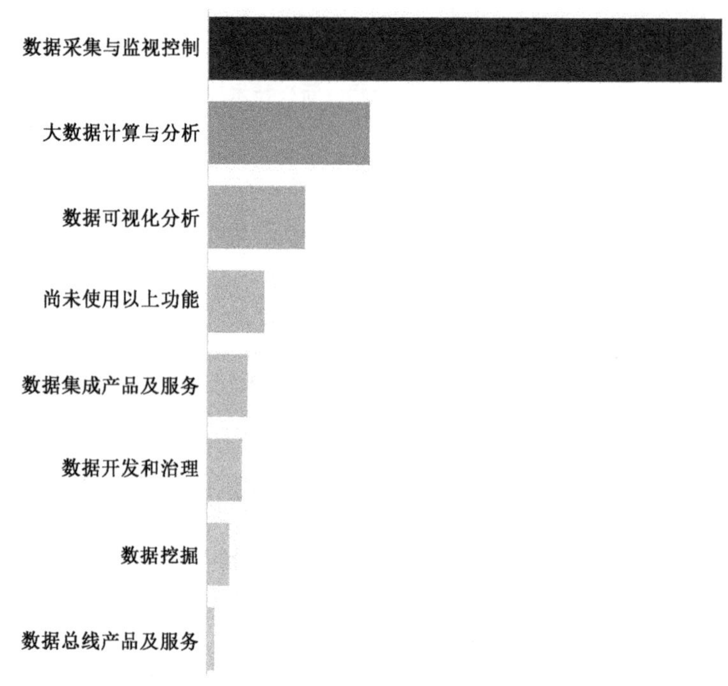

图 6-2　工业互联网平台数据功能使用情况

企业数据功能的使用主要集中在数据采集与监视控制，在大数据计算与分析、数据可视化分析方面有一定使用率，数据集成产品及服务、数据开发和治理、数据挖掘、数据总线产品及服务等功能使用率较低，并且仍有较多中小企业尚未使用数据功能。整体来看，中小企业在工业互联网平台数据功能使用方面处于初步阶段，有较大的应用提升空间。

（二）数据价值挖掘

随着制造业和新一代信息技术的深度融合，工业互联网快速发展，推动设备连接、数据汇聚和业务贯通，数据呈现爆发式增长态势，制造业数字化、网络化、智能化步伐加快。工业互联网平台为工业 App 的应用开发提供良好环境，工业 App 依托工业互联网平台载体运行，汇聚、处理、归纳、提炼数据资源后实现工业知识数字化，实现企业内部分散、隐形的工业知识的汇聚和显性化，推动工业知识的沉淀、传播、复用与价值创造。工业 App 是面向工业场景的应用软件，基于工业互联网数据，工业 App 可通过微服务技术实现基于工业互联网平台的网络化调用，具有较高敏捷性和可用性。工业 App 多采取云端部署的形式，具备扁平化的系统层级和微服务架构，通常具备全局集成的高水平系统集成程度。工业 App 是工业互联网平台的价值出口，是以“工业互联网平台+工业 App”为核心的工业互联网生态体系的重要组成，是工业互联网应用体系的主要内容。

我国工业 App 发展态势良好，具备市场空间巨大、发展基础深厚的优势。2017 年 11 月，国务院印发《关于深化“互联网+先进制造业”发展工业互联网的指导意见》，提出实施百万工业 App 培育工程，到 2025 年形成 3～5 个具有国际竞争力的工业互联网平台，培育百万工业 App，实现百万家企业上云，形成建平台和用平台双向迭代、互促共进的制造业新生态。

工业互联网平台集成了不同类型的工业 App，数据在不同工业 App 中流转共享，中小企业可根据自身需求进行信息化数字化阶段性建设和轻量化部署，并且按照使用情况进行付费，大幅降低信息化和数字化的成本和难度。工业互联网平台汇聚了大量设备运行数据、能源使用数据、经营管理数据等，基于智能预测模型、财务风险管控模型、成本核算模型等研发工业 App 供中小企业使用，可提升中小企业应用的便捷性。工业互联网平台促进数据资源汇聚，在数据汇聚的基础上构建企业研发设计、生产制造、供应链、经营管理等各个领域的模型，包括工业设备运行优化模型、产线协同制造模型、用户营销模型和成本控制模型等，通过数据价值挖掘进行工业知识 know-how 解耦，提升中小企业的智能制造能力。

工业互联网平台提供工业 App 的开发环境、测试运营环境支持和资源支持，工业 App 则通过工业互联网平台实现工业资源的调用以完成应用，赋予工业互联网平台解决工业问题的能力。工业 App 主要从沉淀工业知识、提升员工培养效率、提高各生产制造效率、调度组织能力、促进体系建设等方面为企业创造价值。工业 App 主要分为数据集成应用类 App、生产管理和运营优化类 App、协同制造类 App、数据采集类 App、研发设计类 App、网络管理类 App 等。

根据中国工业互联网研究院的调研数据，如图 6-3 所示，目前数据集成应用类 App、生产管理和运营优化类 App 及协同制造类 App 推广应用成效较好，但也存在一定比例中小企业尚未使用工业 App。随着数字化转型深化，研发设计类 App、协同制造类 App、数据集成应用类 App 得到更深程度的应用；数据采集类 App 使用占比相对降低；网络管理类 App 逐渐受到重视，应用程度有所提升；未使用工业 App 的情况减少。

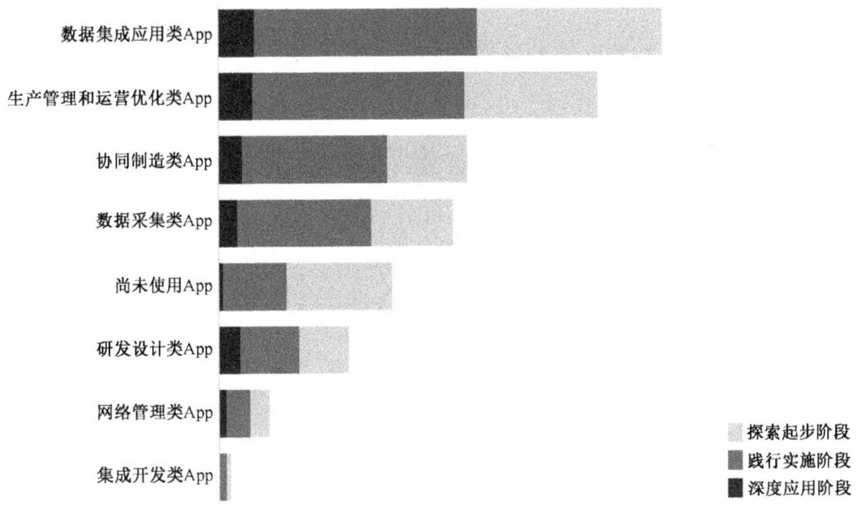

图 6-3　工业互联网平台工业 App 应用情况

十七、工业互联网平台推动数据贯通和业务协同

（一）生产制造环节赋能重点

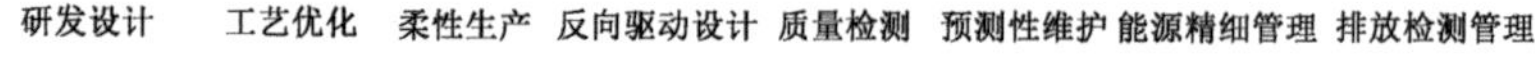

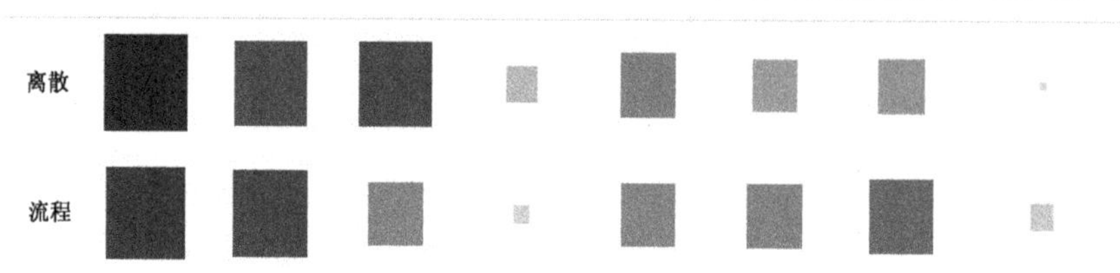

图 6-4 生产制造环节赋能情况

研发设计。基于数字孪生、云计算等新一代信息技术可实现多团队远程协同研发，提升研发效率；客户直接深度参与研发设计，将客户多元化个性化需求解析为数据，实现数据驱动制造；基于大数据、深度学习等新一代信息技术实现行业、区域和产品的销售预测并反向驱动研发设计，进行产品创新和产品迭代。

柔性生产。离散制造行业具有多品种、小批量、定制化生产、BOM 复杂的特点，市场需求变化迅速导致产品工艺变更频率升高。通过部署分布式架构数据库并建立运行算法模型，实现订单分钟级优化排程，使人力资源、制造能力等资源得到最优配置，实现柔性排产，及时有效地应对市场需求变更。

工艺优化。基于机器算法，通过对不同工况下的生产信息、设备运行、能源消耗、原料和产品质量变化等进行智能化分析，自主推荐工况下工业最优参数设定。

预测性维护。基于机理辨别或灰度建模进行设备建模，在数据的全面

感知和获取的基础上进行智能计算，准确预测设备运行状态，实现设备、生产线或工厂的设备故障预测和精准定位，以及设备寿命的滚动预测。

质量检测。基于 5G、机器视觉、大数据、机器学习等技术实现高准确性、高精度的检测，大幅度减少检测人力需求，提升产品生产效率和精度稳定性。

能源精细管理。流程行业能源消耗巨大，但能源管理滞后。通过产线、工艺段、设备、单品等多方面能源耗用进行全面评估，加装数字化计量硬件设备，优化设备运行参数、合理利用能源阶梯价格、优化控制参数等实现能源的精细管理，提升能源利用效率，降低生产成本。

排放检测管理。通过对排放数据的采集，建立数据训练模型，实行环保监测、排放预警和环保动态处置，可有效解决人工操作滞后性的问题，同时，预测数据也可供人工操作参考，有效降低突发性排放超标带来的企业经营成本。

（二）供应链环节赋能重点

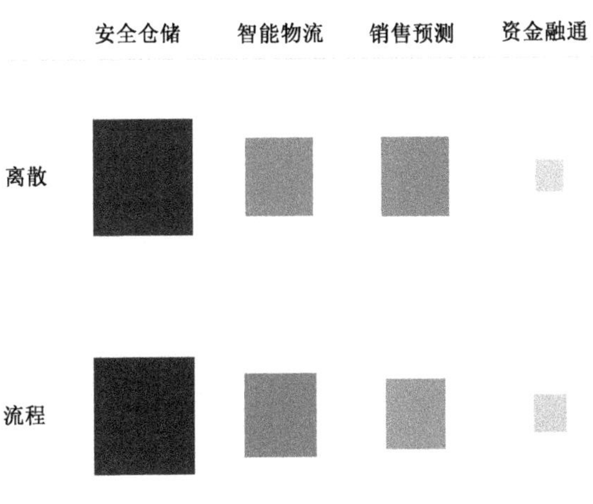

图 6-5　供应链环节赋能情况

工业互联网平台可以帮助中小企业实现与上下游企业的信息交流，提升中小企业产业链供应链的业务协同，缩短整个产业链供应链的生产周期。

安全仓储。基于生产、库存、销售数据进行动态安全仓储分析预测，精准预测库存并实施补货决策以满足生产及销售的需要，降低企业库存成本；通过智慧物流规划最优配送路线，减低库存成本和物流成本。

销售预测。基于云计算、大数据、人工智能、区块链技术，整合消费者数据、渠道销售数据、物流配送数据等进行分析建模、特征提取，结合运筹学运算得出“最优解”，提升销售预测的准确性，提升主生产计划的统筹能力。

资金融通。基于工业互联网用户的工业大数据进行信用评估和风险控制建模，增加信贷双方信息透明度，提升工业互联网用户的融资能力，提高资金流动率，增强供应链弹性和活力。

（三）营销服务环节赋能重点

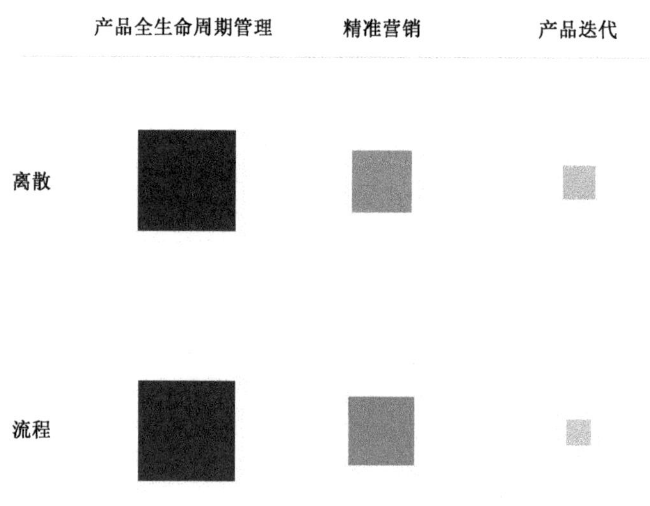

图 6-6　营销服务环节赋能情况

基于大数据、云计算、人工智能、区块链等技术，通过系统构建网络、平台、安全体系，打造人、机、物全面互联，打通产品和服务边界，加快物理实体和线上数字虚体的组合互动，实现产品营销精准化，实现产品全生命周期服务，降低成本、提升效率、增进客户关系，进一步创新商业模式。

产品全生命周期管理。在产品交付后，工业互联网持续提供产品的运维服务与增值服务，不断为企业创造新的价值。

精准营销。通过多渠道深度交互，精准洞察用户需求，实现用户购买记录、购买渠道、地域、使用偏好等标签化、形成完整的用户画像，并借助数字化的先进设计工具和网络化的创新资源实现精准营销。

产品迭代。通过采集、汇总和分析产品信息和用户数据，将产品状态和用户体验实时反馈至智能研发生产系统，推动研发和生产过程迭代。

在营销服务方面，工业互联网平台较好地赋能中小企业实现产品全生命周期管理，推动制造服务化，在产品交付后继续为客户进行服务，进一步发掘价值创造点。在精准营销方面，工业互联网赋能成效也初步呈现，基于大数据形成用户画像可以更精准地为客户提供产品。而在产品迭代赋能方面仍存在提升空间，产品迭代对于持续了解需求和响应需求有较高要求，对企业业务协作提出了更高的要求。

根据行业特点，流程行业和离散行业的流程环节优化侧重点有所不同。离散行业具备市场需求变化快、产品品类多等特点，柔性生产可帮助企业合理配置生产要素，缩短交付周期，提高市场响应度；流程行业能耗大，存在较多极端生产环境，且排出有毒有害物质，能源精细管理、预测性维护和排放检测管理是其赋能优化重点。从被调研的中小企业在生产制造环节、企业供应链环节和营销服务环节的赋能情况来看，生产制造环节的研发设计、工艺优化，供应链环节的安全仓储和营销服务环节的产品全生命周期管理为目前工业互联网平台赋能中小企业数字化转型的重点环节。

十八、基于工业互联网平台的中小企业数据赋能实效

（一）企业层面：多元内外能力提升，推动中小企业高质量发展

在数字化、网络化、智能化时代，工业互联网赋能中小企业提升多维能力。就企业内部能力而言，基于工业互联网平台中小企业实现设备互联互通，实现数据的采集、汇聚、处理和分析，提升中小企业数据管理能力；工业互联网平台助力企业实现数据贯通、业务协同，推动企业组织形态平台化变革，基于大数据和人工智能提升企业管理能力；基于工业互联网平台实现设备互通、设备运行状态监测、设备预测性维护，提升企业设备管理能力；工业互联网提升中小企业的市场响应能力，通过销售数据反向驱动研发，基于工业互联网实现柔性排产，资源高效对接，快速响应市场需求。

同时，在中小企业成长生命周期中，需要结合自身实际和成长规律进行创新，以提升企业核心竞争力。从企业开展创新活动的组织方式来看，企业活动可以分为自主创新和协同创新。自主创新主要指企业自行进行技术和模式探索，不借助外力进行创新，对于人才、技术、资本生产资源要素的投入要求较高。协同创新则是指突破企业边界，充分激发各个企业创新主体的人才、技术、资本、信息、知识等创新要素活力，提升创新速度和创新质量，提升产品创新、技术创新和模式创新水平。随着工业互联网应用的深入，工业互联网赋能中小企业进行协同创新，进一步激发中小企业产品创新能力、技术创新能力和模式创新能力。

工业互联网平台赋能中小企业提升多维度企业能力，如图 6-7 所示。

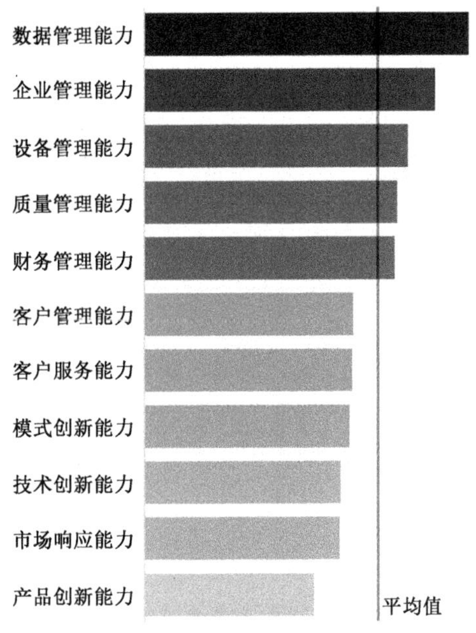

图 6-7　工业互联网平台赋能企业内部能力提升

目前，工业互联网平台在提升数据管理能力、企业管理能力和设备管理能力方面成效显著，但在企业模式创新能力、技术创新能力、市场响应能力和产品创新能力方面提升动力不足。中小企业创新能力提升效果弱，可以从以下三个角度进行解读：一是我国大部分制造业中小企业多面临利润微薄、持续经营难的生存困境，无暇顾及创新能力提升；二是我国中小企业普遍原始创新较为缺乏，创新基础较差，导致创新活动水平低；三是创新环境不友善，企业已有创新成果存在变现难的问题。

就企业外部能力而言，如图 6-8 所示，工业互联网平台有效提升了中小企业专业化能力、需求对接能力和协作配套能力，较好地促进了工业分工和资源对接。工业互联网平台的发展仍处于大型企业主导阶段，有效提升了中小企业与大企业之间的协作能力，但是中小企业之间协作能力有待提升。基于工业互联网平台可实现基于真实业务的供应链金融等新模式、新业态，拓宽中小企业融资渠道，但目前工业互联网平台在提升中小企业融资能力方面成效尚不显著，存在很大提升空间。

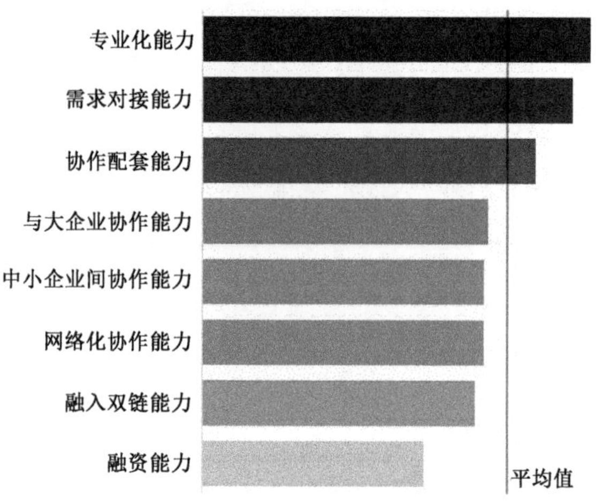

图 6-8　工业互联网平台赋能企业外部能力提升成效

同时，工业互联网平台有效助力中小企业疫情防控和复工复产，提升其公共危机应对能力。工业互联网平台通过及时、准确地提供供需信息对接，高精度、高效率地匹配供需资源，助力中小企业在疫情冲击下实现合作伙伴替代和防疫物资寻源，保证资金链、供应链的安全。工业互联网平台通过集成供应链企业的物流、资金流、信息流、商流，打通上下游数据孤岛，有助于实现业务流程协同、信息共享协同、物流支撑协同、产品研发协同、采购管理协同，解决生产质量监控、订单交期管理、生产计划排程等痛点难点。

（二）生态层面：创新产融应用模式，纾解中小企业融资难题

中小企业是国民经济重要的组成部分。中小企业数量多、GDP 贡献率高、就业贡献率高，对于激发经济活力、缓解社会压力、维持社会稳定意

义重大。中小企业也是产业链供应链的重要主体。在全球产业链供应链的深度调整期，面向中小企业的高质量的金融服务是保障中小企业发展、保持产业链供应链韧性的重要抓手。

但长期以来，中小企业“融资贵、融资难”的问题仍未得到有效解决。一是因为中小企业存在天然弱质性。中小企业经营规模小，利润空间微薄，抗风险能力弱；中小企业贷款频率高且单笔额度小导致流程成本偏高，出险概率高，提升风险溢价，共同作用抬高中小微企业融资成本；中小企业数字化程度低且地理位置分散，用于信用风险评估的信息获取成本高。二是金融机构服务中小企业内生动力弱。中小企业普遍经营风险较高，违背传统金融机构风险规避的经营特点，金融机构往往愿意提供融资服务给大型企业和少数经营状况优秀且获取信息成本低的中小微企业。三是金融机构普惠金融服务能力差。基于征信系统信息、从共性特征评估企业信用的方式具有较大局限性，且大部分中小微企业缺少征信信息，金融机构的风险评估能力和价值判断能力处于较低水平。

工业互联网平台重塑企业生产方式和组织形态，培育产业新生态，激发金融服务新动能，构建生态产融新模式，为提升面向中小企业金融服务水平提供了新思路，在纾解中小企业融资困境方面具有巨大潜力。

工业互联网平台夯实产业生态信息基础。中小企业依托工业互联网平台融入以大企业为核心的价值生态体系，获取产业链、供应链关键资源，实现各类工业要素跨地域、跨行业的精准配置和高效对接。新型关键生产要素——数据，基于工业互联网实现汇聚、流转、共享，有效优化企业内部生产制造和经营决策方式，提升产业链、供应链深度协作水平，夯实产业生态数据信息基础。

工业互联网平台深度激发金融服务动能。随着金融机构数字化转型与工业互联网推广应用的深度联动衔接，基于工业互联网、大数据、云计算等信息技术，金融机构可建设全面信用评估模型，形成工业互联网用户的精准画像，解决中小企业和金融机构之间的信息不对称的问题。通过建立差别化定价机制和风控模型，提高服务对象识别能力，面向中小企业提供精准化和个性化的金融服务和产品，优化信贷审批和发放流程，进而提升金融服务效率，降低中小企业服务成本。

工业互联网平台助力构建产融新模式。基于工业互联网平台，核心企业及其产业链上下游中小微企业共同建立产业生态。搭建产业链供应链金融生态体系，基于真实交易场景盘活商业信用，解决资金适配性问题。基于仓单、订单、库存、应收款项等开发供应链金融产品，提高核心企业上下游中小企业的资金流动性，降低资金成本。基于工业互联网大数据增强供应链金融风控能力，从而把握供应链金融持续发展关键。

政府管理机构、工业互联网平台和金融机构联合打造中小企业融资联盟。为已上云上平台的中小企业提供定制化的融资服务，纾解中小企业融资难、融资成本高的问题。通过举办需求产品对接活动，中小企业进行路演并说明融资需求，金融机构进行融资产品介绍。工业互联网企业则基于数据为中小企业制定个性化融资方案，整合政府、银行、担保机构、企业等多方资源，匹配融资需求和供给，针对性解决中小企业融资难题，实现共创共赢，推动工业互联网赋能中小企业。

（三）监测层面：中小企业运营监测，提升现代化经济治理能力

国家工业互联网大数据中心的建设有效推进了工业互联网数据整合利用和开放共享步伐，充分发挥了数据对工业经济的基础资源和创新引擎作用，助力制造业转型升级，维护数据安全和数据主权，提升数据驱动的政府治理能力和赋能实体经济的能力。

国家工业互联网大数据中心按照“三纵三横”的数据骨干网架构，按需动态逐步扩展至全国主要省会城市，构建“物理分布、逻辑一体”的“1

个国家中心+N 个区域/行业分中心”的国家工业互联网大数据中心体系。依托国家工业互联网大数据中心，国家中小企业运行监测平台通过汇聚多元数据，构建全面精准监测体系，提升现代化经济治理能力。在疫情期间，中小企业运行监测平台对接 30 余家工业互联网平台，监测 200 余万个中小企业复工复产状态。

十九、中小企业数据汇聚共享面临挑战

（一）数字化基础薄弱，数据采集难

当前，我国中小企业数字化转型仍处于初级阶段，中小企业之间数字化水平相差较大。根据中国工业互联网研究院的调研数据，在调研样本中，超过 90%的中小企业处于探索和实践阶段，不到 10%的中小企业处于深度应用阶段，数字化转型整体程度不高。

从数字化转型相关指标来看，数字化设备连接率、信息系统覆盖率和设备联网率均具有较高提升空间，如图 6-9 所示，超过 60%的中小企业数字化设备连接率低于 40%，近 50%的中小企业信息系统覆盖率低于 40%、设备联网率低于 40%。中小企业数字基础薄弱，数据采集难。

同时，中小企业进行数字化改造的动力较弱。因为数字化转型需要投入的前期成本过高，缺乏针对中小企业数字化转型的培训辅导，中小企业难以在众多数字化解决方案提供商和产品服务中做出较优选择，同时缺乏较为科学的数字化转型投入汇报评估，以上因素导致中小企业参与建设工业互联网平台的积极性不足。

在数字化转型阶段分布方面，专精特新“小巨人”企业和制造业单项企业数字化转型成效显著，处于中小企业数字化转型领军梯队。专精特新“小巨人”企业一般专注于细分市场，具有较强的抗风险能力，具有专业化、精细化、特色化的创新水平。制造业单项冠军则是指长期专注于制造业某些特定细分产品市场的企业，其生产技术或工艺处于国际领先地位，其单项产品市场占有率居国内第一、全球第三，具有较高的市场地位和极大的市场份额，在细分领域拥有冠军级的市场地位和技术实力。具体从数字化转型阶段来看，国家级专精特新“小巨人”企业较省级认定的专精特新“小巨人”企业转型程度更加深入。

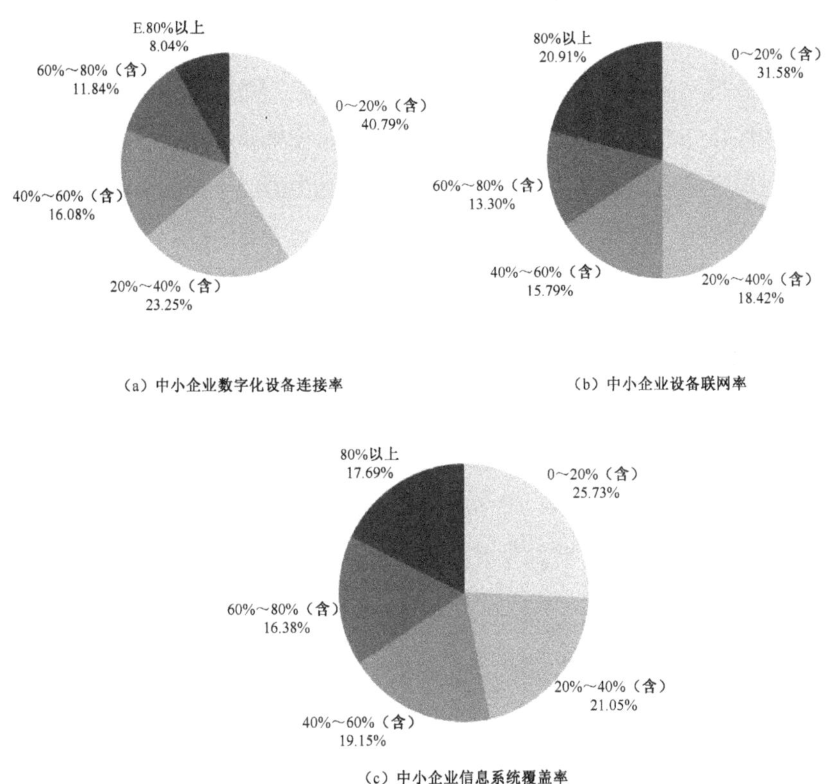

图 6-9　中小企业数字基础水平

（二）技术应用层次浅，数字人才少

从技术应用整体来看，中小企业数字化转型尚不深入。

从工业互联网技术应用方面来看，被调研的中小企业对于大数据、人工智能、云计算和云存储等技术应用较为广泛，中小企业利用大数据对于企业生产经营过程中的数据进行采集、汇聚、处理和分析及可视化使用；人工智能则通过感知智能加强人机交互，增强商业决策能力；云计算赋予中小企业使用工业互联网充足的算力支撑和资源共享机制，但是对于数据安全、5G 通信技术、区块链、边缘计算、数字孪生和 AR/VR 技术应用较少；就数据功能情况来看，被调研的中小企业数据功能及应用层次较浅，数据功能集中在数据采集和监视控制阶段，深度集成、数据开发和治理、数据挖掘等功能价值未得到充分开发；就数据模型应用情况来看，高复杂度的模型服务应用较浅，研发仿真模型应用空间有待提升；对于数据、工业智能融合人应用较高的研发设计类 App 尚未得到充分使用。

在企业自身能力提升方面，工业互联网平台尚未深度激发企业创新能力。在企业生态协作能力方面，工业互联网有效促进了产业分工，提升了企业专业化能力、需求对接能力和协作配套能力，中小企业更多依赖于大型核心企业开展业务协作，中小企业之间的网络化协作和产能共享提升空间较高，工业互联网平台也未很好地解决中小企业融资难题。

从人才方面来看，中小企业数字化人才占比较低，人才培养机制不健全，数字化人才资源匮乏是阻碍企业转型的重要因素。从数字化人才结构看，如图 6-10 所示，超过 75%的中小企业数字化人才占比小于 20%，数字

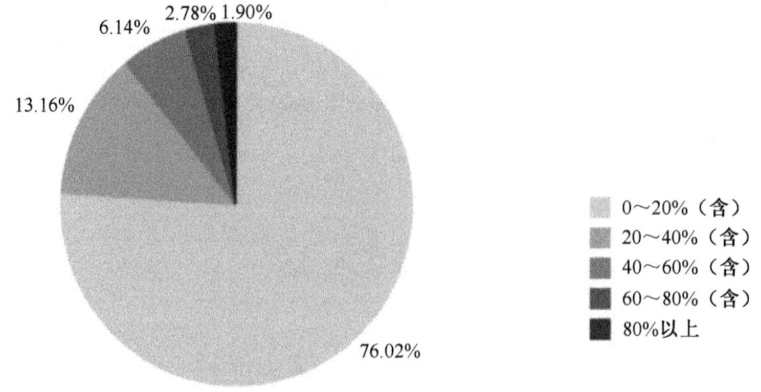

图 6-10　中小企业数字化人才占比情况

化人才占比在 20%～40%的企业占比为 13.6%，占比在 40%～60%的企业占比为 6.14%，数字化人才占比大于 60%的企业不到 5%。整体来看，数字化人才资源稀缺，人员结构待进一步优化。

在数字化转型探索起步阶段，如图 6-11 所示，“企业组织变革跟不上转型要求”为阻碍企业数字化转型的主要挑战之一，在中小企业数字化转型的多重挑战中位列第二，占比为 26.87%，仅次于“缺乏数字化转型技术支持”（占比为 27.24%）；而随着数字化转型的逐渐深入，“缺乏数字化转型技术支持”挑战对于中小企业数字化转型阻碍作用也逐渐减弱，由 27.24%逐渐降低至 22.70%；最后在深度应用阶段，“缺乏数字化转型技术支持”对于企业数字化转型的制约力度占比降低至 8.20%。同时，“企业组织变革跟不上转型要求”对于中小企业数字化转型的阻碍作用也在逐渐减弱，困难占比由 26.87%逐渐降低至 15.52%，再到 11.48%。

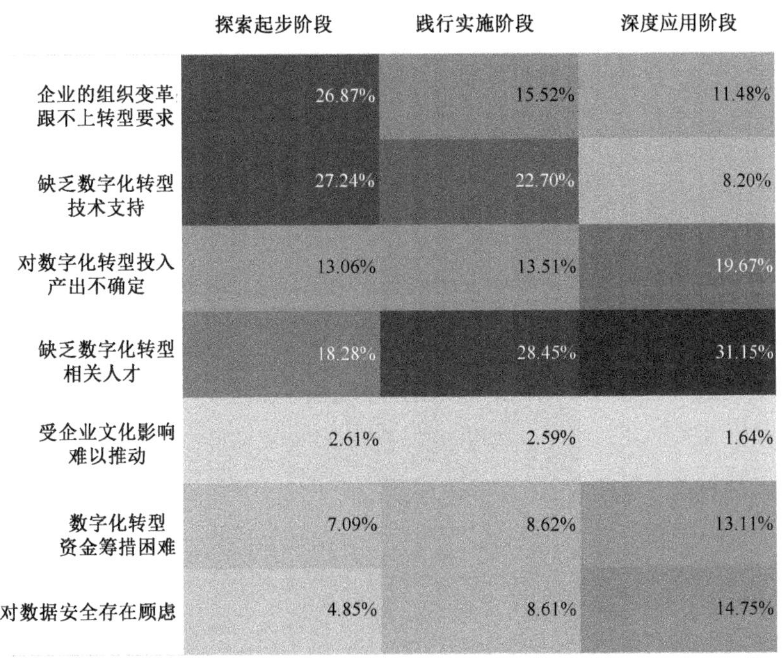

图 6-11　中小企业各阶段数字化转型面临的主要挑战

随着数字化转型的深入，对数据安全存在顾虑、数字化转型资金筹措困难、数字化转型投入产出不确定和缺乏数字化转型人才的问题逐渐凸显，其中数字化转型相关人才问题最为突出。在数字化转型探索起步阶段，“缺乏数字化转型相关人才”在中小企业数字化转型阻碍占比为 18.28%，随着中小企业数字化转型步入践行实施阶段，“缺乏数字化转型相关人才”阻碍提升至 28.45%，在深度应用阶段，该占比更是提升至 31.15%，缺乏数字化转型相关人才问题急需引起企业和社会层面的重视。

同时，从工业互联网行业视角来看，我国缺乏工业领域和信息领域的跨学科复合型人才，如研发设计高质量的工业软件需要兼具数学、机械、软件等跨学科的数字化相关知识的复合型人才，但是目前这类数字化复合型人才极度缺乏，急需充分挖掘高校和科研院所的潜力，加强校企对接，根据产业需求定向培养复合型人才。

（三）共享机制不完善，数据流转难

在数据资源汇聚到数据价值的充分挖掘过程中，数据共享流转是至关重要的环节。然而，在工业互联网应用中存在数字化设备和工业软件之间标准不统一的问题，数字化设备和工业软件无法互联互通并且基于工业互联网平台进行集成。同时，目前数据产权难以界定导致数据产权不明晰，限制了数据的流动性。工业互联网数据确权机制尚不明晰，缺乏统一规范的标准体系和共识机制，数据资源确权和价值评估机制尚不完善，无法精准评估数据资源的价值，进而阻碍数据跨平台、跨行业、跨区域的流转。此外，可借鉴参考的个性化、场景化数据流通模式较少，数据交易规则尚未完善。就中小企业公共数据而言，公共部门具有中小企业大量公共数据，但尚未实现开放共享，或者开放的数据数量不多、质量不高、开发利用不够，公共信息资源开放共享机制、标准机制待进一步完善。

(四)安全保障待夯实，数据安全存在顾虑

在工业互联网应用过程中，可能存在数据信息失窃和被篡改的情况。如果工业系统遭遇攻击，工业运行安全将受到威胁。同时，数据隐私保护和数据共享存在矛盾，出于隐私保护考虑，数据所有者存在数据顾虑，不想、不敢进行数据共享。中小企业在使用工业互联网平台时存在“想用但不敢用”的问题。数据安全和网络安全顾虑主要来自政府层面和竞争对手层面。一是中小企业担心生产数据、财务数据被相关监管部门汇聚，进而影响企业生产经营效益。二是中小企业担心平台将其汇聚的数据分享给竞争对手，包括生产经营数据、生产工艺数据等，导致商业机密泄露。

中小企业对于数据安全的顾虑随着数字化转型深入而加剧，如图 6-12 所示。

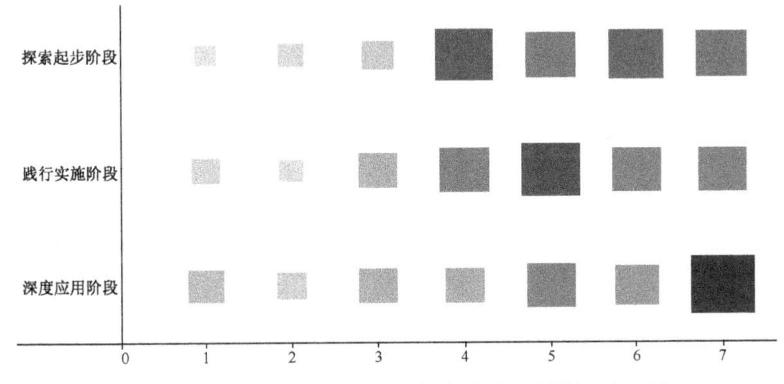

图 6-12　不同数字化转型阶段中小企业数据安全顾虑

在中小企业数字化转型探索起步阶段，中小企业“对数据安全存在顾虑”在数字化转型困难中占比 4.85%，对于数字化转型的推进影响较小；而随着数字化转型的深入，中小企业对于数据安全的顾虑逐渐加重，在践行实施阶段，该占比提升至 8.62%；在中小企业数字化转型深度应用阶段，数据安全顾虑困难占比提升至 14.75%，在阻碍中小企业数字化转型中的因素中排列第三。

二十、推动中小企业数据汇聚共享的建议

（一）推动中小企业上云上平台

构建多层次工业互联网公共服务体系，推动中小企业上云上平台。针对尚未进行数字化转型的中小企业加大宣传力度，提升企业决策者数字化转型意识；针对处于数字化转型探索起步阶段的中小企业加强应用指导；对于处于践行实施阶段的中小企业加强培训和服务，帮助其深入了解平台功能；对于处于深度应用阶段的中小企业提供解决方案供应商对接活动。通过补贴推动中小企业上云上平台，用好工业互联网平台。

（二）加强中小企业数字化人才队伍建设

加强中小企业数字化相关人才队伍建设，从人才存量和增量两方面共同夯实企业数字化转型的支撑力和执行力。从存量上，通过数字化相关培训工作强化中小企业员工数字化思维和能力，基于大数据、人工智能等新兴技术为中小企业数字化人才需求发布、人才精准匹配等做好支撑服务工作。从增量上，围绕人工智能、大数据、工业互联网等重点领域，预测行业人才需求，完善数字化业务和技术人才培育体系，夯实数字化人才储备。

（三）提升平台服务中小企业能力

加快推广新兴技术应用和业务场景融合，提升平台服务中小企业的能

力。推动传统工业软件云化、平台化，利用低代码开发与敏捷高效的运营方式加快工业软件平台化和App化的速度，降低开发门槛和研发管理成本，提升运转效率，赋能中小企业形成自身数字化能力。鼓励和引导工业互联网平台面向中小企业提供“低成本、快部署、易运维和强安全”的轻量化应用，降低使用门槛。鼓励平台协助中小企业梳理转型业务需求，提供面向中小企业需求的针对性解决方案。

（四）保障中小企业数据安全

构建多层次工业互联网安全保障体系，保障中小企业数据安全。企业和政府依法根据“谁运营谁负责，谁主管谁负责”的原则，企业明确落实工业互联网主体责任，政府明确落实监督管理责任。建立工业互联网全产业链数据安全管理体系，针对工业互联网重要数据加强安全监测和管理。开展工业互联网安全评估认证，提升工业企业、工业控制系统生产企业、工业互联网集成商和工控安全服务商的安全防护水平，最终提升安全公共服务能力。

（五）完善数据汇聚流转机制

完善工业互联网平台数据汇聚流转机制，夯实数据流转交易基础。完善工业互联网数据确权、分级分类、价值评估、流转交易、数据安全等机制，制定数据交换接口标准规范，引导数据共享流转和有序开放。开展数据资产交易试点，培育工业互联网数据要素市场。完善数据权益保障体系，确保中小企业工业互联网数据的所有权、使用权、收益权不受侵犯。建设国家工业互联网大数据中心，打造工业互联网“平台之平台”，形成“覆盖全国、物理分散、逻辑集中、统筹调动、资源共享、深度应用”的数据资源服务体系，布局工业互联网数据共享流通，推动产业及行业间数据动态共享，推动产业基础高级化，实现产业链供应链现代化。

第七章
Chapter 7

工业互联网平台助力中小企业应对公共危机

二十一、公共危机事件对中小企业的影响

公共危机又称公共性危机，是指在社会运行过程中由于自然灾害、社会运行机制失灵等天然和非天然因素引发的，可能危及公共安全和社会正常秩序的危机事件。公共危机的根本特性是公共性，指向对象包含特定区域的所有公民，每个人都是危机侵害的对象，均受到人身安全威胁，容易爆发社会恐慌，加剧破坏性。突如其来的疫情对公共卫生、社会民生、经济贸易等方面均造成剧烈冲击，并与全球经济低迷、国际政治环境复杂、技术沟通受阻等因素共同作用，导致总体经济市场呈链条化叠加萎缩现象。疫情深刻影响了社会民生稳定，生活不便、企业破产倒闭、员工被迫降薪及失业等问题对个人和社会均产生极大影响。在疫情防控常态化的背景下，需要稳步推进企业复工复产，推动经济社会秩序恢复，推动经济高质量发展。

（一）疫情对中小企业的冲击

我国广大中小企业因本次疫情而面临重大的生存危机，具体来说有以下三点：一是市场需求减少，企业订单下降；二是产品原材料、工厂工人等受交通管制影响，无法满足正常生产需求；三是产品销售渠道受阻，企业已经完成生产的产品无法通过销售得到收益。同时，企业还需承担人员薪酬、厂房租金、借贷利息等刚性费用，以及无法正常生产经营可能带来的违约金等多种经济支出，企业财务情况受到严峻考验。

2020 年 2 月发布的《新冠疫情众生相：招商银行小微企业调研报告》

指出，接近 1/4 的小微企业表示遭受疫情的严重冲击，经营已陷入困境（16.9%），甚至面临倒闭风险（5.8%）。同时，随着疫情在全球范围肆虐，各国迫不得已采取“封国”措施，民众生产生活处于停滞状态，造成了部分国家民粹主义的发展，逆全球化思潮加速泛起，我国在全球供应链中的核心地位受到挑战，因此，让广大中小企业尽快摆脱疫情带来的困境显得尤为迫切。

疫情导致社会大环境进入极端状态，中小企业受极端条件刺激，暴露出在正常生产经营过程中未获关注的短板和问题，也逐渐重视企业转型、全产业合作、长期生态建设等发展突破点，开始尝试解决困扰现阶段企业发展的问题，转型的主要关注点集中于“四链”：人才链、资金链、市场链、供应链。

1. 人才链

人才是企业有效运转的最基础的资源，人才链是企业发展的生命链之一，人才链包括多部门人才协同和人才技能提升两个方面。疫情期间，人才无法正常返工和新一轮人才接续受限，暴露出企业人才管理的几大问题：多部门人才协同效率低、人才发展受限，长期来看将严重制约企业发展。

疫情期间，企业首次实施大规模协同远程办公，暴露出“业务数字化”管理技能不足和工作处理技能缺乏等明显问题。中小企业业务范围多变，人员更迭频繁，办公地点呈混合形式，虽然一定程度上具备远程办公的基础，但是，大规模的多部门远程协同办公尚属首次，这不仅对管理人员的素质提出了挑战，对企业员工数字化处理业务的能力也提出了挑战。

随着中小企业逐步推进数字化转型进程，其对数字化人才的需求量将逐步增大、对人才数字化水平的要求将逐渐提高。宏观上，我国高端数字化人才的总供给量严重不足；微观上，大部分中小企业普遍难以吸引优秀人才。同时，数字技术深度赋能业务进一步对人机协同效率提出了更高要求，例如，未来通过人工智能、机器人和软件信息等技术将脑力和体力劳动进行分工。实现人机高度协同的前提是招聘或培养高素质数字化人才，适应混合工作模式，拆解简单重复任务和复杂创造任务，完善深度学习算法以提升协作机器的工作效率，进而提升组织效能。因此，中小企业急需推进人才梯队建设，或在外部构建“人才资源池”。

2. 资金链

在疫情期间和企业复工复产阶段，不同经济主体均面临各种困难，中小企业受制于本身弱质性，其盈利能力较弱、固定资产不足、流动比率偏低和流动资产结构不合理，面临的问题尤为严峻。据清华大学经济管理学院、北京大学汇丰商学院、北京小微企业金融综合服务有限公司联合调查数据，受本次疫情影响，85.01%的中小企业现金无法维持 3 个月以上，近 30%的中小企业 2020 年营业收入下降幅度超过 50%。在疫情大环境的催化下，中小企业暴露出三大主要问题：现金流约束、债权融资难、股权融资延迟。

中小企业经营性资金匮乏，面临现金流危机，或将导致其直接退出市场。相较于大企业，中小微创业企业的现金流一般仅能维持不足 3 个月，仅个别企业预留 6 个月及以上的经营现金。2020 年首季度无营收的同时，中小企业还需承受场地租金、员工工资、社会保险等巨大支出压力，徘徊在崩溃的边缘。

疫情期间，中小企业融资过程尤为艰难，面临融资渠道少、融资成本高等债权融资问题，以及股权融资推后、估值下滑等股权融资问题。我国投融资市场整体发展尚不成熟，企业债权融资缺乏有效信用工具，导致中小企业所能使用的融资渠道单一，大部分融资仅能通过银行贷款和民间借贷实现；另外，中小企业还需承担高昂的融资成本。追求高利润和低风险的金融机构，贷款资金将倾向于绕过中小微企业，尤其是轻资产、风险高的创业企业。

企业股权融资大幅延迟或将崩断资金链。即使在正常环境下，股权融资在经过尽调、融资交易等步骤后，其需求兑现仍需约半年的时间。而在疫情的大环境下，创业企业全年股权融资都非常难实现，无法保持 6 个月以上现金流的中小企业或将面临倒闭的危险。另外，企业的股权融资谈判或将估值下滑；计划上市融资的企业业绩受到冲击，其上市之路或将遥遥无期。

3. 市场链

在此次疫情中，“生存型”和“机会型”中小企业均受到市场冲击，刺激企业暴露出其在建立客户黏性、贸易链黏性、供应链管理等方面的短板。“计算密集型”中小企业反而由于其经营重点明确，而快速融入市场。

“生存型”中小企业是解决就业的重要载体，但其本身技术壁垒低、竞争激烈、利润微薄、抗风险能力弱，面临的生存难题主要体现在客户流临时骤减。即使此类企业疫情后或将出现消费反弹，但基于其对高现金流转率的诉求，疫情期间丧失既有客户及持续性顾客流失等多方原因叠加，企业破产的风险将持续上升。“机会型”中小企业在全球贸易链、市场链中脱节，后续影响在短时间内将难以复原。例如，疫情期间部分国家限制本国企业与中国企业的贸易往来，外国企业或将可替代产品订单转移至其他国家上下游合作企业，并建立长期合作，此类客户流失往往是不可挽回的。

对“计算密集型”中小企业而言，疫情反而成为其数字化能力的试金石。对中小企业而言，以数字化为导向的企业文化有利于小企业进行科学决策，以数字化劳动力为基础的人机协同有利于小企业提升组织效能，打破时空和地域限制的工作空间有利于小企业及时响应市场需求。例如，晓星科技主要为巴氏鲜牛奶经销商提供 SaaS 服务，帮助客户管理配送站、配送员、物流、仓储等配送系统。晓星科技从传统的 C/S 架构转型为 B/S 架构，打通配送产业链的上下游各个环节，使经销商可与下游奶站及最终消费者建立紧密联系，缩短决策流程。得益于较高的数字化水平，晓星科技不仅没有因疫情而陷入危机，反而在正常运营的同时，明确了自身未来数字化发展的重点，其 B/S 架构让经销商直接了解用户诉求，接收市场反馈。

4. 供应链

我国制造业中小企业供应链掌控力严重不足，导致其难以应对市场各类突发情况。疫情期间，物流停运、原材料库存告罄、下游需求疲软、产业链脱节是中小企业面临的严峻问题，产生的消极影响由单个企业辐射到产业链的其他环节。

物流是决定企业的生死线，疫情导致物流供应和产业链协作均受到严重冲击，上游原材料与核心零部件短缺导致制造成本上升，下游客户需求疲软拖累销售盈利环节。单个企业生产经营受阻的影响将通过产业链持续向其他环节传导。由于供应链和物流的双重压力，中小企业发货周期已经拉长到45～60天,这意味着企业的资金周转率将大幅下降,利润率难以保障。

另外，由于高劳动密集型生产、低数字生产、低智能制造的中小企业仍占很大比重,疫情对于企业开工的影响较为严重。而长期从产业链脱节，将阻碍企业回归产业链，或将导致全产业链断裂等问题进一步升级。

工业互联网全面连接工业经济全要素、全产业链、全价值链，基于新一代信息技术与数字技术驱动产业转型升级，共享智力资源、提升融资能力、优化生产经营模式、强化供应链掌控，进而实现资源共享及优化配置，是中小企业发展的四条生命链的加固利器。

（二）公共危机下中小企业相关政策

中小企业是国民经济发展的主力军和基石。受到突如其来的疫情的严重冲击，中央至地方层面自上而下陆续出台了一系列面向中小企业复工复产的相关政策，旨在扶持广大中小企业共渡难关，维持我国经济社会秩序稳定。为疏解企业资金压力、保障企业资金链安全，我国政府双管齐下，一方面加大财税支持力度，另一方面提高企业金融资本的可获得性。对疫情防控重点保障企业提供优惠贷款、税收优惠等财税支持，加大对受疫情影响严重的中小企业的财税支持，加大政府采购支持与清欠工作力度，减免国有房产租金并对私有用房业主给予补贴，以鼓励对中小企业减免房租和其他费用。为帮助中小企业解决融资困难，以降息、提额、延期还款、增发债券等多个途径加大信贷支持力度，同时提供政府性融资担保和贷款风险补偿专项资金，并提供直接的融资支持。积极探索“资金+数据”组合扶持政策。中小企业面临的资金难问题，主要源于疫情造成的短期供应链断裂和需求减少，包括员工无法返岗、原材料供应受阻等问题，资金扶持可以解燃眉之急。同时，可以积极探索“资金+数据”组合扶持政策，通过数据要素缝补甚至重塑供应链，提高中小企业满足需求的能力。探索创新短期资金扶持与长期数据扶持相结合的中小企业长效扶持政策措施，用资金帮助中小企业渡过难关，用数据促进中小企业建立长期竞争优势。

为帮助企业有序复工、高效复产，维护民生保障与社会稳定，我国政府采取一系列措施维系要素市场流通，支持企业复工稳岗。中央及地方政府既保障防控物资需求、企业运输需求、信息通信需求，又减轻企业用水、用电、用气负担。另外，政府还引导企业用好各类人才信息供需对接平台，并帮助企业满足阶段性用工需求，促进返工人员及时到岗，为企业开展员工岗位培训提供教学资源，减轻企业用工负担。

为帮助中小企业在疫情期间化危为机，提升专精特新发展能力，我国政府支持企业创新发展，持续优化公共服务。以平台服务和产业集群支持企业数字化转型，支持大中小企业融通创新发展，在中小企业中梯度培育专精特新“小巨人”企业和单项冠军企业，壮大新兴产业。同时，引导公共服务机构提供企业政策申报、法律援助等服务；建立协调工作机制，抓好人才、原材料、资金等要素保障；为企业提供低成本专项线上服务，加强中小企业线上培训力度；引导行业协会商会与法律援助、法律咨询机构对中小企业提供支持服务，帮助企业排忧解难。

营商环境是企业生存发展的土壤，为中小企业营造优良的国内营商环境，帮助其对接国际市场。简化审批手续，优化复工复产办理流程；清理取消不合理的证明、收费；精简执法程序，严格执行“双随机、一公开”制度；建立快速响应机制，开设专栏集中受理复工复产难题。为稳定中小企业的海外市场，加大与海外商会、金融机构、组展机构等的沟通力度；加快检验检疫流程，快速验放企业生产急需进口的机器设备、原材料等；减免通关成本，减免民航、港口、货运等收费。

2020 年 2 月 21 日，中共中央政治局召开会议，研究疫情防控工作，部署统筹做好疫情防控和经济社会发展工作：要积极扩大有效需求，促进消费回补和潜力释放，发挥好有效投资关键作用，加大新投资项目开工力度，加快在建项目建设进度。加大试剂、药品、疫苗研发支持力度，推动生物医药、医疗设备、5G 网络、工业互联网等加快发展。

2020 年 2 月，工业和信息化部发布《关于应对新型冠状病毒肺炎疫情帮助中小企业复工复产共渡难关有关工作的通知》；2020 年 3 月 19 日，工业和信息化部印发《中小企业数字化赋能专项行动方案》（以下简称《方案》），《方案》提出，支持中小企业运用线上办公、财务管理、智能通信、远程协作、视频会议、协同开发等产品和解决方案，尽快恢复生产，实现运营管理数字化，鼓励数字化服务商在疫情防控期间减免中小企业的使用费。

地方政府也陆续出台政策，充分发挥工业互联网的作用，助力中小企业复工复产。在供给侧方面，组织专业机构遴选国内优秀工业互联网解决方案和 App，制定免费或打折等优惠政策，推动工业企业快速上线应用。支持服务商研发面向企业复工复产的工业 App 或解决方案，支撑工业企业开展便捷化的协同办公、生产经营、研发设计和远程运维等。鼓励更多有条件的省重点工业互联网平台、省工业互联网服务资源池单位，制定实施疫情期间服务企业的各项优惠措施，并做好相关云服务产品的使用培训和及时响应，积极帮助企业运用工业互联网做好复工复产、降本增效等工作。在需求侧方面，针对当前企业复工复产遇到的生产、经营、服务及资金等困难和问题，鼓励省内外重点工业互联网平台和云服务商在疫情期间免费开放云服务资源，帮助企业快速部署健康打卡、协同办公、在线监控、智能运维、供应链协同、工业征信等应用系统。支持企业持续推进数字化、网络化和智能化建设，加快企业设备互联与系统上云，打牢工业互联网平台落地应用基础，提升企业精益化管理与柔性生产能力。支持省"互联网+先进制造业"特色产业基地及重点产业园区加强与重点工业互联网平台和云服务商开展深度合作，借助工业互联网手段，搭建各项防控信息、物资对接调拨、企业运营、跟踪与监督、安全生产服务等平台，及时分析研判区域内防疫管控、企业复工复产、安全生产态势，提高管理和服务效率。对提供服务的工业互联网平台、云服务商和参与企业，将通过财政专项资金奖补等政策予以支持。

2020 年 2 月 17 日，江苏省工业和信息化厅印发《关于支持应用工业互联网平台助力企业复产提效的通知》(以下简称《通知》),《通知》指出，支持工业互联网服务机构不断丰富相关产品和服务，助力全省企业早日复工复产，并运用新一代信息技术实现提质、降本和增效。

2020 年 2 月 21 日，广东省工业和信息化厅办公室发布《关于发展工业互联网助力企业复工复产的通知》,以推动工业企业在疫情防控期间运用工业互联网新技术、新模式开展远程办公、在线监控、协同设计、智能运维等业务加快复工复产，促进企业数字化转型。

2020 年，重庆市经济和信息化委员会发布了《关于公布重庆市工业互联网平台免费助力企业复工复产及疫情防控清单的通知》,工业互联网平台企业帮助企业运用工业互联网平台有序复工复产，在疫情防控期间免费提供应用服务，包括 OA 办公、远程线上会议、财税融资服务、供应链管理服务、设备管理服务、人力资源管理服务、大数据分析服务等。

二十二、工业互联网平台助力中小企业应对公共危机

（一）提升中小企业自身应对危机能力

1. 危机预警预备能力

工业互联网发挥着连接器的作用，工业互联网助力中小企业预判产业链风险，提高生产线及供应链柔性管理水平，提升供应链、产业链整体韧性。公共危机从爆发到恢复的不同阶段都伴随着国内外市场需求的剧烈波动。从市场环境变化、企业更新订单信息，到管理者做出决策之间存在一定的反应时滞。因企业在供应链所处位置和自身抗风险能力不同，上游企业与下游企业、龙头企业与中小企业的复工复产进度也不同，容易产生断点堵点问题。中小企业大多是依托于产业链核心企业的配套企业，长期处于单一产业链的某一个环节。产业链不通畅导致中小企业供应端原材料无处可得，复工却无法复产；需求端的产品无处可去，复产却无法复销。工业互联网平台通过上下游企业全要素的互通互联，打破组织界限和数据孤岛，降低企业间的信息传递成本，提升链上企业的风险预警能力。一方面，企业可及时获取下游订单变化情况，基于自动化系统智能排产、优化调度生产资源。另一方面，企业可及时获得上游供应商产能恢复情况，便于及时调整供应结构，保证生产有序开展。

工业互联网助力中小企业预判安全生产风险，打造企业安全生产新型能力。公共危机爆发，企业生产现场的机械设备、电线电路、防护设施停用时间较长，容易造成材料腐蚀、线路老化、设备压力不平衡、有毒有害物质泄漏等安全问题。中小企业专业技术人员资源相对匮乏，生产安全隐

患更大。基于“工业互联网+安全生产”的融合应用，可帮助企业打造安全生产新型能力，推动安全生产过程中风险可感知、可分析、可预测、可管控。通过工业互联网的边缘计算功能，企业可面向安全生产全要素进行信息采集，提升快速感知能力；通过工业设备和业务系统上云，提升对生产全过程的实时监测能力；通过将设备状态数据与风险特征库、失效数据库标准对应，建立风险特征模型，加速对安全生产风险的分析预判，提升超前预警能力；基于系统风险仿真，帮助专业人员事前应急演练，从而提高事中应急处置能力；基于安全事故数据累积，建立安全生产处置措施全面评估标准，为查找漏洞、解决问题提供保障，进一步推动新型能力迭代优化，提升系统评估能力。

2. 紧急响应能力

工业互联网平台发挥资源汇聚和供需匹配功能，助力中小企业开展防疫物资寻源。疫情突然暴发，医疗防疫物资紧缺，中小企业数量多、体量小、分布散，在供需不平衡的情况下难以获得口罩等防疫物资，严重影响复工复产进度。企业可在工业互联网平台上发布防疫物资的需求和供应信息，一方面，降低供需双方的信息搜索成本，便于供需资源匹配；另一方面，从上架、洽谈，到完成、下架的每一步都可基于区块链技术追踪溯源，使防疫物资交易透明化，降低机会主义风险。

工业互联网平台发挥要素联动和知识封装赋能优势，助力中小企业柔性转产。在危机中市场需求不稳定，中小企业业务线条单一，面临订单下滑、客户流失的困境，急需快速柔性转产，挺过生存危机。工业互联网通过全要素、全产业链、全价值链的连接，为中小企业转产防疫物资和医疗设备调度核心产线、设备、原材料等生产资源，提升中小企业市场响应能力。鉴于中小企业缺乏相应生产经验和专业技术人员，工业互联网通过前瞻性布局关键共性技术，并将特定行业的工业知识、管理知识、IT 知识等智力资源提取成工业机理模型，并封装为工业 App 等软件产品帮助中小企业提升员工培养效率和组织调度能力，实现柔性转产。

工业互联网平台发挥信息枢纽和网络协同功能，助力中小企业匹配供应链合作伙伴。中小企业的供应链结构相对僵化，对上下游合作伙伴依赖度较高，一旦合作伙伴出现问题就有可能面临供应链断裂的危机。随着工业互联网平台接入企业数的增加，传统的供应链逐渐编织成一张“供应网”，中小企业可以通过工业互联网平台搜寻更多的合作伙伴信息，获取更多的原材料来源和销售对象。当突发事件出现时，中小企业一方面可以借助工业互联网平台快速寻找原供应链合作伙伴替代者，降低供应链断裂风险，保障供应链安全；另一方面可基于工业互联网平台增强与合作伙伴的信息共享与质量监督，变“管道型”上下游企业间的博弈关系为“网络型”联盟组织间的协同关系，减少合作伙伴更替中的逆向选择和道德风险，增强供应链的稳定性和灵活性。

3. 恢复制造能力

工业互联网通过实现企业内部人、机、料、法、环的全面互联，提升中小企业复工复产能力。我国中小企业聚集于劳动密集型产业，受疫情期间劳动力流动受阻和无接触防疫要求影响大，面临“少员无法开工、满员难以防疫”的两难困境。工业互联网发挥远程协同功能，实现内部员工互联，企业员工可使用轻量化工具实现居家办公、在线作业、云端协同，解决异地协同痛点、跨越多方合作障碍。基于工业互联网的人机物一体化生产管理功能，企业可利用“平台+5G+边缘计算”方案将生产监控从现场转移到控制间，减少现场人员聚集，以云和数连接人、机、物等生产要素，创新无接触生产方式，满足数字化防疫需求。基于工业互联网的设备资产异地远程管理功能，实现设备故障实时预警，保障设备可视可控，解决专业人员集中或流动受限问题，为持续、稳定生产提供保障。

工业互联网通过企业内外人、货、场、资金的全面互联，提升中小企业复产转产能力。我国中小企业线上化、数字化程度低，难以应对危机突发时的市场需求变化。艾瑞咨询推算，2019 年我国接入 O2O 平台的中小企业数占比不到 10%。中小企业在需求端高度依赖传统线下客流，疫情期间线下需求大幅萎缩，易导致大量订单流失、客户转移。基于工业互联网的泛在连接功能，打造人、货、场、资金链接 O2O 模式，通过将线下场景“搬家”到线上，提升中小企业线上线下一体化经营能力，解决原有线下客户流失问题，提升中小企业复产能力。基于“双跨”平台跨行业、跨领域的资源汇聚优势，高效联动各产业链各环节资源，助力中小企业拓展新市场、发展新业务，全要素赋能中小企业跨界转产。

工业互联网通过提供数字化工具，帮助中小企业尽快恢复生产运营。支持中小企业运用线上办公、财务管理、智能通信、远程协作、视频会议、协同开发等产品和解决方案，尽快恢复生产管理，实现运营管理数字化，鼓励数字化服务商在疫情防控期间减免中小企业的使用费。支持数字化服务商打造智能办公平台，推出虚拟云桌面、超高清视频、全息投影视频等解决方案，满足虚拟团队管理、敏感数据防控等远程办公场景升级新需求。运用医疗物资保障、疫情预警、库存及物流配送、资源调配等小程序、工具包，科学精准防控疫情，推动有序复工复产。

4. 供需对接能力

工业互联网通过促进供应链体系的信息数据流动，提升中小企业在商品市场上的供需对接能力，提高供应链韧性。在商品市场上，由于中小企业供应链管理能力相对较弱，因未能及时获取下游客户生产计划、采购计划及上游供应商的供应情况等信息，无法合理排产和采购原材料，难以紧密对接上游供给和下游需求。公共危机会加剧信息的不完全、不及时、不准确，进一步加深中小企业在商品市场供应链体系中的信息不对称。工业互联网使供应链上的相关企业数据互通，实现信息高水平共享。中小企业能够及时获取市场信息，并针对下游企业需求、上游企业供给的变化合理制定生产经营策略，进行精准预测与整体优化，并据此采购原材料、组织生产，提高资金利用率。大型企业立足中小企业共性需求，搭建资源和能力共享平台，在重点领域实现设备共享、产能对接、生产协同。

工业互联网通过汇聚、分析海量生产交易数据，提升中小企业在资金市场上的供需对接能力，维持资金链稳定。资金要素市场上，中小企业往往以轻资产、抵押物少、风险高为特征，在我国以银行信贷为主的传统金融体系下，面临较高的融资约束。危机往往导致企业订单下降和客户流失，而场地租金、员工工资、社会保险等刚性支出则会加剧中小企业流动性危机，恶化中小企业信用风险，使其陷入融资需求上升和资金供给下降的矛盾。一方面，工业互联网通过汇聚更多维度、更广来源的数据，基于大数据、云计算等新一代信息技术，帮助制造企业将生产数据作为融资信贷评估依据，使中小企业信用画像更透明、更精准，为金融市场针对中小企业展开个性化金融服务提供有力依据。另一方面，工业互联网通过实现全产业链数据的互联互通，促进依托于核心企业的产业链金融创新，将单个企业的不可控风险转变为产业链企业整体的可控风险，最大限度地降低金融机构为中小企业提供金融服务而产生亏损的可能性，提升金融机构为中小企业提供融资的意愿。

随着金融机构数字化转型与工业互联网推广应用的深度联动衔接，基于工业互联网、大数据、云计算等信息技术，金融机构可建设全面信用评估模型，中小企业经营生产数据汇聚、处理、分析，结合公共数据信息可形成精准的实时用户画像，夯实金融服务信用基础。建立差别化定价机制和风控模型，提高服务对象识别能力，面向中小企业提供精准化和个性化的普惠金融服务和产品，并优化信贷审批和发放流程，进而提升金融服务效率，降低中小微企业服务成本。工业互联网可有效降低融资过程中的信息不对称性，进而降低交易成本、提升融资效率，增强金融服务能力，深化金融服务实体经济能力，有力保障产业链供应链韧性，推动经济高质量发展。

5. 远程协作能力

工业互联网平台通过提供 SaaS 层 App 应用，助力中小企业内部管理迅速上线。中小企业数字化基础薄弱，管理信息化、人员信息化程度不高，难以满足疫情期间团队远程协作的迫切需求。团队远程协作的工业机理不深、通用性较强、标准化程度高，中小企业可通过弹性订阅即时沟通、在线会议、智能客户管理、OA 审批等内部管理软件快速实现组织在线、业务在线、沟通在线、协同在线，大幅降低企业上云、上线成本。

工业互联网平台通过提供 PaaS 层的数字化模型，助力中小企业实现云端协同。异地协同设计是复杂产品研发模式发展的重要方向，疫情之下跨单位、多专业协作存在困难。工业 PaaS 平台将特定垂直行业的知识和经验构建为数字化模型，以微服务组件的形式提供服务，降低中小企业软件开发成本，为复杂产品质量保障、集团内部研发协同提供技术支持。基于数字孪生技术将物理实体映射到数字空间中，实现物理实体和虚拟实体的双向映射、实时互动，不仅能对实体产品、设备或过程进行理解、预测，还能克服物理条件限制，对实体产品实施控制和优化。不同数字孪生体之间也能信息共享、业务协同，助力企业实现产品全生命周期的云端协同。

工业互联网平台通过聚集生态资源，助力中小企业开展社会化分工协同。工业互联网基于开放的平台生态汇聚跨领域、跨行业、跨区域的技术、生产和资金资源，促进产能共享，深化社会分工。中小企业通过平台获取各类资源支持，有利于自身在垂直领域深耕细作，向专、精、特、新发展，提升专业化能力和创新能力。工业互联网平台通过全要素、全产业链、全价值链的连接，集成产业链企业的物流、资金流、信息流、商流，打通上下游数据孤岛。中小企业在大型链主企业的带动和监督下，加快复工复产速度、保证产品供应质量，促进社会化协同。

6. 模式创新能力

工业互联网平台突破个性化定制和大规模生产的悖论，助力中小企业从同质化走向差异化。我国中小企业大多聚集于低端劳动密集型的生产制造环节，附加值低、缺乏技术壁垒，产品同质化竞争严重。当今，市场需求异质性高、变化剧烈，单一同质商品难以培养客户黏性，在危机突发时很可能被竞争对手替代。工业互联网突破了个性化定制与大规模生产的悖论，一方面，中小企业可紧密对接用户长尾需求，为用户提供个性化解决方案；另一方面，可通过工业互联网平台寻找专业化模块供应商，充分利用社会化资源，实现大规模定制。工业互联网使得中小企业在提供差异化产品的同时获得专业化生产的成本优势，为中小企业发展成为“专、精、特、新”的小巨人企业提供充分保障。

工业互联网平台基于新技术创新业态模式，助力中小企业服务化延伸。随着市场竞争不断加剧，企业定位急需从制造商向服务商转变、产品形态需从实体产品向产品服务系统转变、商业模式需从短期交易向长期服务转变。工业互联网的互联互通为中小企业业务模式创新创造了无穷的想象空间，如依托平台上连接和汇聚的大量设备数据，可对外输出设备健康管理服务；基于平台采集整合的产品设计、运行、环境等数据，提供工业产品远程运维服务。工业互联网使社会分工从产品分工走向知识分工，中小企业可将自身在某一领域深耕的工业知识和经验对外输出，从产品交易向服务交易转型。工业互联网基于决策优化功能，可以帮助企业预测市场变化，实现智能化的按需生产。例如，阿里云联合钉钉推出的防疫复工生产管理方案，能够实时监控工厂的运行状态，帮助企业提升复工生产管理效率 50% 以上。

（二）提升中小企业相关公共服务能力

1. 政务服务优化能力

互联网加快政务信息系统集约化，为中小企业复工复产提供便利。通过打造全国一体化政务信息平台，强化政务信息系统集约建设，积极推行复工复产“一站式”办理，变“企业挨个找”为“部门协同办”，有效简化审批流程、压缩审批周期。通过加快建成覆盖全国、统筹利用、统一接入的数据共享平台、政务服务平台、协同办公平台，打通各部门、各地区、各层级数据孤岛，形成“上下贯通、横向联通”的数据共享交换体系，深化政务数据共享，降低制度成本以惠企利民。

互联网促进政务流程全面优化，方便企业和群众实时掌握业务办理进度。推动政务事项同步分发、并联审批、协同办理。提高审批链条透明度，对审批链条要件办理实施全程跟踪督办，建立各环节负责人直接联系渠道，促进各环节服务标准化、规范化、透明化，方便企业和群众动态实时掌握业务办理进度。

互联网推动政务服务主动靠前，及时响应企业复工复产诉求。聚焦企业需求，变“被动服务”为“主动服务”，拓展政府服务边界。依托工业互联网监测系统及时掌握企业复工复产中遇到的实际困难，探索推行“企业管家”“企业服务包”等举措，协助受疫情影响出现订单交付不及时、合同逾期等失信行为的企业开展信用修复工作，为企业复工复产提供全方位制度保障。

2. 产业运行监测能力

为贯彻落实国务院统筹疫情防控与企业复工复产工作部署及工业和信息化部《关于有序推动工业通信业企业复工复产的指导意见》要求，中国工业互联网研究院积极牵头各工业互联网平台企业，充分发挥工业互联网泛在连接、数据汇集、远程协同、资源调度等方面的优势作用，支撑开展复工复产信息统计，为科学推动有序复工复产提供数据信息决策支撑。

针对中小企业数量众多、分布广泛的特点，中国工业互联网研究院充分发挥工业互联网在泛在连接、数据汇集、远程协同、资源调度、数据分析、决策优化等方面的优势作用，通过国家工业互联网大数据中心，实现工业互联网海量数据的汇聚和建模分析，及时获取中小企业复工复产信息，建立中小企业复工复产情况信息报送机制，有力支撑了中小企业复工复产情况分析，为制定支持中小企业渡过难关、实现平稳发展政策提供决策依据。在疫情期间，工业互联网数据要素成为中小企业创新发展的动力引擎，通过对数据采集、存储、分析、服务，优化内部运营决策，协同外部产业链资源，提升了中小企业对于劳动、资本、土地、知识、技术、管理等生产要素的配置能力，为中小企业产业升级难、人才供给难、融资贷款难等问题提供了新方法、新模式、新路径。

国家中小企业运行监测平台通过拓展数据监测维度、构建产业链监测，提升平台公共服务能力。平台整合工商、财务、设备、排产、采购、销售、物流、电信大数据等多类型数据指标，通过构建科学的统计数学模型，形成中小企业总体运行指数，客观反映全国整体、按区域、分行业的中小企业运行情况。同时平台汇聚中小企业融资担保数据拓宽监测维度，探索中小企业“融资难、融资贵”问题的解决方案。通过重点行业产业链图谱梳理，分解产业链上中下游关键环节数据，有利于摸清各环节中小企业的区域分布、产能产量信息，为政府精准施策提供科学依据。

3. 疫情信息共享能力

依托工业互联网建设国家疫情防控物资调度工业大数据平台，实现应急物资供需对接。疫情期间，中国工业互联网研究院仅用 4 天时间就建设起国家疫情防控物资调度工业大数据平台。依托工业互联网技术，有效对接防护服、口罩等疫情物资供需信息，实现了应急物资生产管理、产业链协同、精准调动，保障应急物资生产供应，系统梳理疫情防控物资生产关键环节，全面分析影响疫情防控物资生产企业扩产扩能的堵点、痛点、难点。同时，工业互联网平台潜能可被进一步激发，以构建“平时服务、灾时应急”的应急物资保障体系。通过构建疫情防控物资产业链上下游数据动态采集机制，可全面提升数据赋能服务水平，实现对应急物资保障全产业链、供应链的实时监测，打造“工业互联网+应急”产业生态。

依托国家工业互联网大数据中心，建设疫苗生产流通使用信息共享平台。通过打通疫苗全生命周期数据，提前研判疫苗需求，为合理安排生产提供数据支撑，推动全国疫苗接种机制优化改进。基于工业互联网打通第

一、第二、第三产业促进新冠肺炎疫苗的生产流通。在原材料端，属于元素级范畴；在生产制造环节，对元素进行生产制造和封装；在运输物流环节，需要确保物流的准确性，也包括运输的温度、湿度、有效性控制。工业互联网推动第一、第二、第三产业融通发展，推动供应链全链匹配，保障产品质量和产品最终的有效性，从而保证工业产品的最终价值。

基于工业互联网建设覆盖全产业链图谱以提供政策支撑。在保障产业链完整上，国家工业互联网大数据中心发挥了重要作用。在重点行业产业链方面，国家工业互联网大数据中心现在已经覆盖了8条产业链上下游135万家企业的相关数据资源，根据这些数据现在已经建立了覆盖全国、全产业链环节的产业链图谱和产业链地图，这为企业提供了最具针对性的工业互联网解决方案，推动产业链整体数字化转型；同时支撑政府实时掌握产业链运行状态，及时发现产业链断点、堵点风险。

二十三、工业互联网平台赋能中小企业复工复产情况

目前，可以说中小企业完全实现了复工复产，但回望2020年上半年，复工复产还存在明显问题。据统计，截至2020年4月15日，全国中小企业复工率为84%，中小企业的复工复产呈现以下三个特点：从行业看，第二产业复工率高于生产性服务业，生产性服务业的复工率高于生活性服务业，住宿和餐饮业、文化体育和娱乐业等受疫情影响较严重的行业，复工率相对较低；从地区看，各地区复工复产率呈现齐头并进，25个省份的复工率超过80%，受疫情影响严重的湖北省也出快速上升的势头；从企业类型看，“专、精、特、新”中小企业的复工率高于中小企业整体水平，规模越大复工复产率越高，中小企业复工复产存在一定难度。另外，随着疫情在国外的加速蔓延，市场需求下降，订单减少也成为当前中小企业反映比较突出的问题。

（一）分区域：工业互联网平台赋能中小企业复工复产

在疫情防控过程中，各地为中小企业复工复产提供公共服务，公共管理服务体系发挥了重要作用。广东省、江苏省、湖南省、山东省、陕西省、重庆市等各地方政府也出台相关政策举措帮助企业复工复产，建设基于工业互联网的中小企业信息共享平台，提高服务中小企业疫情防控和复工复产的服务能力。北京市、湖南省、重庆市、广东省等地征集和组织工业互联网平台企业，鼓励工业互联网企业充分发挥优势为企业全面复工提供保障，在疫情防控期间免费提供应用服务，帮助企业运用工业互联网平台复

工复产，帮助企业打通技术和融资等堵点，用数字化、网络化、智能化为中小企业赋能。

1. 广东省：开发“一批战疫云产品”、试点“一批产业集群”、推出“一批加码政策”

2020 年 2 月 6 日，广东省人民政府印发《关于应对新型冠状病毒感染的肺炎疫情支持企业复工复产促进经济稳定运行的若干政策措施》，以进一步加大保障企业复工复产工作力度，降低企业用工成本，减轻企业经营负担，加大财政金融支持，优化政府服务等关键环节，提出 5 方面共 20 项政策措施，全力支持和推动受疫情影响的各类企业复工复产。针对中小企业，出台了《广东省促进中小企业发展条例》、“民营经济十条”等政策，疫情期间也出台了“复工复产 20 条”“中小企业金融 18 条”等惠企措施，在此基础上印发实施了《关于应对疫情影响加大对中小企业支持力度的若干政策措施》。2020 年 2 月 20 日，广东省工业和信息化厅办公室发布《关于发展工业互联网助力企业复工复产的通知》，通过发放服务券等方式推动工业企业上云上平台，同时推动开展工业互联网标杆示范工作。

广东省依托工业互联网产业先行优势，组织开发“一批战疫云产品”、试点“一批产业集群”、推出“一批加码政策”，助力全省工业企业复工率超过 60%，工业企业工人复产率超过 35%。广东省组织工业互联网服务商针对工业企业需求打造了工业互联网战“疫”云产品，配套免费或优惠政策，在疫情防控、企业生产、供应管理、安全服务等方面实现“四个确保”，助力企业运用高效、在线、协同、便捷的工作模式，降低疫情对于生产制造和办公运营的影响。广东省发挥产业集群特征明显的优势，从注塑、模具、装备制造等工业互联网产业集群试点切入，组织召开线上对接会，引导并支持工业互联网服务商为集群定制式开发工业护理三网产品及服务，助力解决产能恢复、供应链管理、招工困难“三大难题”，推动集群整体复工复产。

广东省充分依托数字化技术，建立资源对接、政策解读、办事答问等数字化平台，及时响应企业诉求，为企业做好各方面服务，提升复工效率。同时搭建了线上企业诉求响应平台，针对疫情期间企业办事难，为及时响应、帮助企业解决实际困难和问题，广东省依托“粤商通”App和广东省政务服务网，迅速搭建企业诉求响应平台。中小企业通过下载“粤商通”App，或登录省政务服务网企业诉求响应界面，可随时反映企业复工复产和生产经营过程中面临的用工、融资、税务、出口等方面的问题。平台将根据企业属地和问题归类原则，第一时间将诉求精准分发到各地市有关部门，推动解决企业面临的问题，主动靠前服务，帮助中小企业积极应对疫情。

广东省工业企业复工复产有序推进，截至2020年3月17日，广东省工业企业复工53450家，复工率98.8%；工业企业复工人数962.92万人，占正常情况用工人数比重为 78.5%。根据工业企业用电大数据监测信息，2020年3月16日广东省全省工业企业单日用电量8.41亿千瓦时，约为上年同期的96.7%。

2. 山东省：联合平台推出疫情防控复工达产服务平台

为了与中小企业共克时艰，减少疫情对中小企业的冲击，山东省政府及多地市出台多项中小企业相关扶持政策，包括“青岛18条”“济南17条”“东营15条”“淄博12条”“滨州12条”“临沂10条”等，从帮助企业恢复制造生产、减轻企业税费负担、强化财政金融支持等方面，多措并举助力企业复产复工，保障经济平稳运行。

山东省工业和信息化厅联合工业互联网平台海尔COSMOPlat工业互联网平台汇聚的海量资源，推出了全国首创的工业企业疫情防控复工达产服务平台，以解决产业链上下游衔接不畅、重要生产物资供应不足等难题。基于工业互联网平台，可实现对全省工业企业疫情防控及复工复产情况的动态监测预警，为工业企业提供人力资源、原料设备、仓储物流、政策服务、防疫物资等要素保障，助力产业链精准对接，推动工业企业复工复产。例如，服装制造企业平山东海思堡集团，疫情防控期间基于海尔 COSMOPlat 平台提供的产线规划、流程工艺、原料设备等供应链高效精准对接服务，仅用 3 天时间就实现了口罩、防护服等医疗防疫物资的火线转产。

3. 湖南省：中小企业云上服务资源对接会精准对接需求

2020 年 2 月 3 日，中共中央政治局常务委员会召开会议，指出要在做好疫情防控工作的前提下，全力支持和组织推动各类生产企业复工复产。湖南省出台多项措施，精准施策，加大企业复产用工保障力度，帮助各类企业尤其是中小企业渡过难关。2020 年 2 月 4 日，湖南省新型冠状病毒感染的肺炎疫情防控工作领导小组防疫物资保障组办公室印发《全力保障防疫物资生产供应十条措施》，湖南省工业和信息化厅印发《关于全力支持和组织推动中小企业复工复产的措施》，其中特别提到“实施省级工业互联网平台建设计划，组织开展特色产业集群工业互联网创新发展示范，推广共享制造等新模式、新业态。实施中小企业‘上云上平台’行动计划，年内全省新增 10 万户中小企业‘上云’，新增 5000 户中小企业接入省级及以上工业互联网平台。”国家税务总局湖南省税务局印发《助力打赢疫情防控阻击战 支持企业恢复生产十条措施的通知》。湖南省税务局、人力资源和社会保障厅、中国人民银行长沙中心支行、湖南省安全生产委员会办公室、湖南省应急管理厅也先后出台相关政策支持疫情防控和复工复产。

湖南省充分利用线上资源，服务中小企业复工复产，依托湖南省中小企业公共服务枢纽平台，面向全省优秀云服务商征集了 69 款疫情防控管理、远程办公服务和产品，在疫情防控时期免费提供给企业使用。此外，湖南省举办了中小企业复工复产云上服务资源对接会，通过云服务机构在线直播+云服务产品视频展播，实现云服务资源线上对接。针对中小企业的资金问题，湖南省组织多家银行以在线开设直播或录制 VCR 等形式，解读国家有关部委、省政府陆续出台的金融支持中小企业发展的有关政策，帮助广大中小企业了解金融政策工具和产品，为中小企业纾困解难。

在疫情防控和复工复产期间，湖南省工业和信息化厅举办了中小企业复工复产云上服务资源对接会，征集发布了 59 项云平台服务、72 个云服务产品。从 2020 年 1 月至 3 月，有 1.8 万家中小企业上云。湖南省中小企业复工复产云上服务资源对接会主要是面向中小企业提供服务资源，提供了一个云服务商与中小企业进行供需对接的平台。就工业互联网平台或云服务商而言，在中小企业复工复产云上服务资源对接会上，京东云、华为云、阿里云、联通、用友、金蝶等云服务商，通过直播推介信息化数字化解决方案和服务产品，形式新颖，互动直接，产品服务的特性功能得到了充分展示，且得到了良好的推介效果。就中小企业而言，湖南国信建设集团股份有限公司、湖南力天汽车集团有限公司、醴陵市吉利鞭炮烟花有限公司选用了金蝶免费提供的“健康打卡”“防疫助手”“健康分析”等轻量化应用，用于便捷收集企业员工健康等信息，做到疫情防控和复工复产两不误。华菱集团、中国电信等 19 家机构精选了 35 款涉及企业远程办公、招聘、融资、采购等方面的信息化服务产品，通过“小视频”向企业推广；近 20 款云服务商品同步在“云商城”上架，中小企业可以刷直播、看视频、逛商城，在线“下单”。湖南华菱电子商务有限公司的荷钢采购云平台，提供全线上电子采购招标云服务，支持询价采购、议价采购、竞价采购、综合评标等多种采购招标模式，帮助企业实现采购招标业务全流程线上化。

中小企业复工复产云上服务资源对接会通过“不见面”的企业服务方式，精准对接中小企业各类需求，加速复工复产，降低疫情造成的影响。在疫情防控期间，中小企业复工复产云上服务资源对接会展示推广的软件类服务产品，均免费提供给中小企业使用，同时对接会上也发布了省中小企业公共服务平台联合京东云与人工智能共同打造的湖南省中小企业应急服务平台。

（二）分行业：工业互联网平台赋能中小企业复工复产

1. 纺织服装行业

在疫情暴发高峰期，防疫物资频频告急，工业互联网平台助力纺织服装类中小企业转产。工业互联网平台增设“复工复产服务平台”协助防护物资、物资生产要素和物流资源的对接。工业互联网平台助力纺织服装类中小企业对接医院、企业、社区等主体关于消毒液、医用防护面罩等物资需求，对接口罩生产线、塑鼻梁条、防护服拉链、口罩生产机等物资生产要素，并对接不同地区的物流资源。一方面，中小企业通过工业互联网平台的复工复产增值服务找到原材料供应商，极大地提升了转产效率，助力疫情防控和复工复产工作。另一方面，纺织服装中小企业基于工业互联网平台的成功转产也是一次公共危机下的风险转移自救，在满足多方对于防护服、口罩等医疗物资的需求同时，提高公共危机下的盈利能力。

工业互联网平台整合产能并对接订单，助力纺织面料集群的中小企业复工复产。例如，在佛山张槎街道纺织面料产业集群中，受疫情影响，中小企业的订单大幅减少，复工复产难度较大。工业互联网平台充分发挥资源整合的作用，汇聚产业集群500多家纺织企业的制造产能，对接全球大型服装品牌的纺织服装订单。在疫情期间，已有100多家纺织服装行业的中小企业通过平台拿到了订单。

2020年2月中旬，纺织行业已全面开启复工复产。浙江网上轻纺城交易平台于2月10日就率先复工，线下的轻纺城市场也于2月18日起复工，确保了纺织面料贸易的顺畅，同时也带动了当地印染产业的复工复产。据中国纺织工业联合会面向13个省份28个重点纺织产业集群的7.5万家纺织企业的调查，复工率已经达到90%，职工返岗率达到86%。

2. 视觉效果行业

疫情对于视觉效果行业的复工复产也形成了严重影响。视觉效果行业对于设备、网络、数据安全要求极高，在复工复产时面临远程办公网络环境差、设备专业水平低等诸多复工难点。通过与云服务商合作，将算力需求最大的渲染环节上云，将需要渲染一周的素材缩短至一天。企业上云部署快捷，其中，上云方案耗时两天，验证和配置分别耗时一天，第三天实现全面居家生产。基于业务上云，视觉效果企业灵活调整生产工作，达到与线下相当的工作效率。中小企业业务上云不仅是公共危机下的临时应急措施，更是行业长期有效运转的稳定机制。视效行业需要在网络设备、机房、服务器、维护人员等方面进行大量投入以满足高峰期的需求，但常常造成低峰期的资源限制和设备折旧。视效行业的中小企业往往难以承担此类大额投入，通过上云的方式，按使用收费替代固定大额投入，有效缓解了中小企业的资金压力，更加适合中小企业。

3. 模具行业

工业互联网平台赋能模具行业中小企业进行疫情期间人员管理、设备管理、供应链管理、物流管理等。在疫情中，一家年产值 5000 万、员工规模 200 人的中小型模具企业也遭受了冲击。由于疫情对于公司到岗人员和产能造成了严重影响，在岗员工最低时仅有 70 名，产能最低跌至平均水平的 35%。该企业急需尽快复工复产以维持生存，但其面临复产复工痛点，最关键的是人员管理问题：一是确保返岗员工身体状态良好；二是营造、维护安全的工作环境；三是在面对疫情的情况下尽可能发挥效能，恢复生产。

工业互联网平台提供了数字化解决方案来提升管理效率。一般情况下，公司传统 IT 架构难以支持应用的快速开发和部署，无法灵敏地应对疫情突发情况。而工业互联网平台提供了大量优秀的工业 App，可以便捷灵活地使用，同时许多应用可免费订阅或开箱即用，可以满足复工复产的迫切需求。该模具企业引入了工业互联网平台中的复工复产 SaaS 应用，以提升员工管理效率。一是员工健康打卡，通过在互联网平台上开发的复工小程序，登记员工返工日期和乘坐的车次等信息并与公开信息进行比对，对部分人员进行重点监督，确保生产计划及时执行，确保返工员工处于健康状态；二是复工提报，根据开工需求设定健康打卡模板和自定义填写表单，汇聚数据信息并进行可视化呈现；三是设备管理，通过实施电子单据、审批流程线上化，提升反馈效率，借助工业互联网平台的设备管理应用，实现对整个工厂的加工设备、线切割机的消毒管理。管理人员可通过设备二维码获取设备消毒信息，可实时了解设备消毒情况，实时汇总、上报，实现线上审批，大幅提升工作效率。

除了解决人员管理问题，工业互联网平台还提供了应急人员排班、复工复产供应链、出货物流仓储管理等一整套复工复产管理应用。同时，在疫情之后，工业互联网平台应用仍能在工厂日常生产运营管理中起到很大作用。该模具企业未来将会加强与工业互联网平台的合作，结合模具行业经验和工业互联网平台综合能力共同搭建模具行业工业互联网平台，汇聚行业上下游资源，赋能模具全行业数字化转型。

第八章

Chapter 8

标准化引领中小企业数字化转型升级

二十四、中小企业数字化转型标准化需求分析

（一）标准化作用

标准在支撑产业发展、促进科技进步、规范社会治理等方面的作用日益凸显，已成为世界的“通用语言”。作为构建经济社会秩序的指导和依据，标准在支撑企业创新发展、产业转型升级、经济发展方式转变中的作用愈加凸显。放眼全球，围绕抢占新一轮产业竞争制高点，世界各国均结合自身基础和优势开展系统谋划和科学布局，虽然发展思路不尽相同，但均将标准引领作为落实产业战略部署的基本路径。经过长期的探索与实践，急需进一步以标准化为纽带和抓手，对新时期数字化转型的理念、要素、规律、方法和路径进行系统总结，并将其固化为科学性好、适用性强、技术内容先进的数字化转型系列标准，为政府、行业组织、服务机构及企业等协同推进数字化转型提供指引，并通过标准的普及应用将优秀经验与实践在产业界进行普及推广，助力企业加速迈向创新发展新阶段。

数字化转型标准是统一转型认识、打通转型通道、提升转型效率、增强转型效果的重要工具，对于解决中小企业数字化转型升级中遇到的问题、推进转型进阶起到重要作用。为加快企业数字化转型的顶层设计、全局把握和持续发展，必须坚持标准先行，以标准需求为导向，建立健全制造业数字化转型的标准框架，明确重要标准的研制方向。

（二）标准化基础

数字化转型标准化工作是一项综合性、系统性、全面性的工作。涉及标准涵盖范围广、种类多，与两化融合、智能制造、工业互联网等方向的标准化工作存在一定重合领域，为了充分汲取经验和成果，本节梳理了目前已经开展的标准化工作，主要包括以下几个方面。

目前，国内围绕通用技术主要开展了云计算（GB/T 35301—2017、GB/T 36325—2018、GB/T 37732—2019 等）、大数据（GB/T 35589—2017、GB/T 37721—2019、GB/T 38666—2020 等）、人工智能（GB/T 5271.31—2006 等）、工业云（GB/T 37700—2019、GB/T 37724—2019 等）、区块链（计划号 20173824—T—469、20201612—T—469 等）、智能制造（GB/T 39116—2020、GB/T 39117—2020 等）、信息物理系统（GB/T 40020—2021、GB/T 40021—2021）、两化融合管理体系（GB/T 23000—2017、GB/T 23001—2017）等方面的标准化工作，国家标准主要集中在全国信息技术标准化技术委员会（TC28）、全国信息安全标准化技术委员会（TC260）和全国信息化和工业化融合管理标准化技术委员会（TC573）等归口。

（三）标准化需求

随着数字化转型的不断深入，在已开展标准化工作的基础上，结合制造业企业的数字化转型能力进阶状态和实践案例，我们总结出目前存在的痛点问题包括：数据资源全生命周期管理、数字化企业的业务流程和决策管理、数字化供应链、数字化转型的支撑工具及转型服务与评价。因此，制造业数字化转型标准化需求应包含以下五类。

数据要素类。对数据采集汇聚、互联互通互理解、共享融合、治理确权等方面的标准化需求，为企业数字化转型的核心驱动要素——数据，提供基础性、全局性的全生命周期数据流转标准框架。

数字化企业类。对企业数字化转型过程中业务和管理方面的标准化需求，针对业务流程中的新模式、新业态的发展，决策管理中的战略、组织、决策和供应链的数字化智能化建设，形成标准或指南，指导企业业务流程和决策管理的变革创新工作。

数字化工具类。对支撑企业数字化转型操作实现方面的标准化需求，针对数据互联互通互理解工具、知识图谱、机理模型库、平台应用及开发环境等方面形成标准或指南，支撑和指导企业数字化转型的具体建设、操作工作。

数字化供应链。对数字化转型企业内部及企业级各环节链接的标准化需求，针对供应链上下游的协同稳定、可信度及风险规避等方面形成标准或指南，指导数字化供应链的规划、建设工作。

服务与评价类。对数字化转型持续发展的服务与评估评价的标准化需求，针对促进和支撑数字化转型的持续快速发展，对服务外包、多维度转型效果的评估评价、数字化人才培训等方面形成标准或指南，指导相关建设工作。

二十五、数字化转型标准框架

（一）构建思路

标准体系是根据使用目的系统性设计的所需标准的合理组成方案和建立的标准资源的集合，主要包括标准体系框架、标准体系表和标准实体。本节给出制造业数字化转型标准体系框架的设计参考，标准体系可划分为三种类型：技术型（如云计算、区块链、CPS 等），主要以技术的应用和操作为重点；产品型（如工业互联网平台），主要侧重于技术应用和产品服务方面；过程型（如两化融合、智能制造等），涵盖范围广、类型多，侧重多个维度分析发展演进过程。基于以上分类特点，制造业数字化转型的标准体系可归属过程型标准体系。

对于过程型标准体系的构建方法，国际著名标准化理论与实践家魏尔曼最早提出了标准体系三维架构的思想，从多个角度对科学、工程和标准化等概念进行讨论，论述了标准化的目的和作用、标准化的领域和内容，提出了标准化三维空间的概念。如图 8-1 所示，此模型采用了时间维、逻辑维、知识维构成的三维架构，三个属性维是相对独立的，三者相互结合而构成的空间立体区域就是标准体系的内容范围。根据魏尔曼三维模型设计方法，得出制造业数字化转型标准体系三维架构。

逻辑维——转型进阶：逻辑上包含制造业数字化转型进阶层次，结合第四章介绍的进阶实践部分内容，归纳提炼形成不同层面标准的过程。目标是支撑转型进阶水平的不断提升。

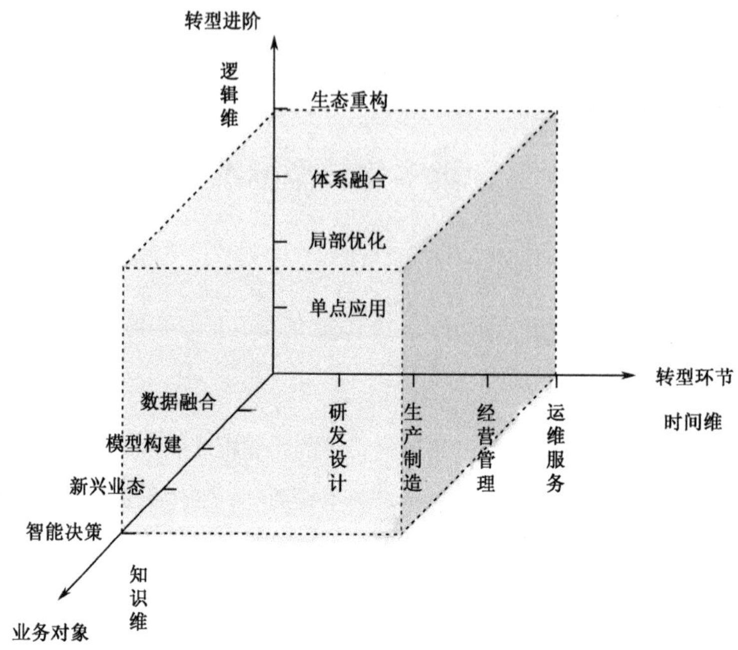

图 8-1　数字化转型标准体系三维架构

知识维——业务对象：从数字化知识发展、沉淀、应用等角度，划分了不同层次。目标是标准对象范围的逐步上升。

时间维——转型环节：对应制造业企业运行的关键环节，可根据实际情况发展不断扩充细化。目标是涵盖技术、管理、服务、工具等类型的标准。

根据三维架构中的三个主体目标，对制造业数字化转型践行过程的范围进行了限定，并依据发展过程形成标准化工作思路。其中包含的标准类别和内容都涵盖在三维模型的虚线长方体内。

（二）标准框架

基于制造业数字化转型标准体系构建方法及标准化需求分析结果，本报告给出了制造业数字化转型标准框架结构建议。如图 8-2 所示，本标准框架由基础共性、通用技术、数据要素、数字化工具、数字化企业、数字化供应链、服务与评价、安全标准和应用领域九部分组成。围绕“数据驱动、工具转化、流程再造、决策变革、生态重构、持续改进”的标准化路线，引导支撑企业开展数字化转型工作。基础共性是转型认识和实施的基础，安全是转型实施的保障，通用技术是转型实施的赋能，数据要素是转型的驱动，数字化工具是转型实施的手段，数字化企业是转型设计及实施的主体，实现业务数据化和数据业务化，数字化供应链是转型各环节的链接，服务与评价支撑转型的持续改进，应用领域是标准落地推广的具体方向。

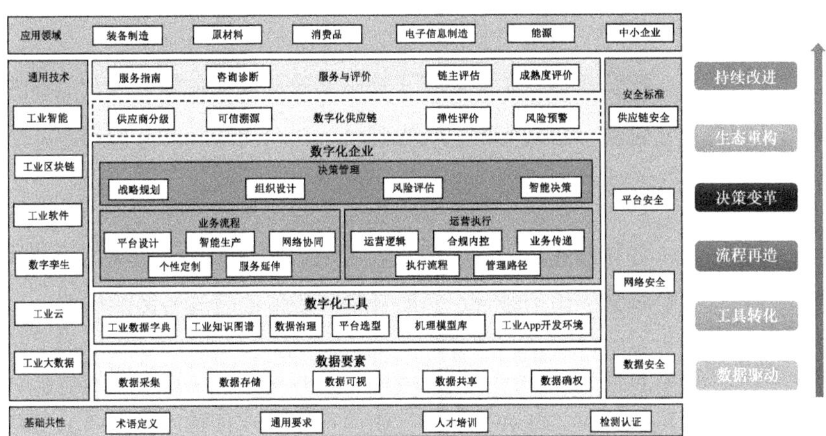

图 8-2　数字化转型标准框架

基础共性标准：用于统一制造业数字化转型术语、相关概念及通用要求，为其他各部分标准的制定提供支撑。主要包括术语定义、人才培训要求、检测认证规范等方面的标准。

通用技术标准：用于指导制造业数字化转型中所使用的通用技术。主要包括工业大数据、工业云、数字孪生、工业软件、工业区块链、工业智能等方面的标准。

数据要素标准：用于为制造业数字化转型的核心要素数据的全生命周

期流动运转提供规范和引导。主要包括数据采集、数据存储、数据可视、数据共享和数据确权等方面的标准。

数字化工具标准：用于指导制造业数字化转型中使用的支撑工具。主要包括工业数据字典规范、工业知识图谱、数据治理框架、平台选型指南、机理模型库规范和工业 App 开发环境要求等方面的标准。

数字化企业标准：包含业务流程、运营执行和决策管理三部分。

业务流程（业务数据化）主要用于规范制造业数字化转型业务流程的变革。包括平台设计、个性定制、网络协同、智能生产和服务延伸等方面的标准。

运营执行（运营数据化）主要用于规范制造业数字化转型运营流程的变革。包括运营逻辑、合规内控、管理路径、执行流程和业务传递等方面的标准。

决策管理（数据业务化）主要用于规范制造业数字化转型决策管理的变革。包括战略规划、组织设计、风险评估、智能决策等方面的标准。

数字化供应链标准：用于为制造业数字化转型中供应链数字化提供规范和引导。主要包括供应链弹性稳定评价、风险预测预警、供应商分级和可信溯源等方面的标准。

服务与评价标准：用于指导制造业数字化转型的持续改进。主要包括服务指南、服务咨询诊断、“链主”企业评估和企业成熟度评价等方面的标准。

安全标准：用于指导实现制造业数字化转型的安全保障。主要包括数据安全、网络安全、平台安全和供应链安全等方面的标准。

应用领域：用于指导制造业数字化转型的标准落地推广的具体领域。主要包括装备制造、原材料、消费品、电子信息制造、能源和中小企业六大领域的应用。

（三）重点标准研制方向

以标准框架为基础，通过研究分析数字化转型领域正在研制和已有的《中小企业数字化转型指南》《数字化转型 参考架构》《数字化转型 价值效益参考模型》《数字化转型 新型能力体系建设指南》《信息化和工业化融合管理体系 新型能力分级要求》《信息化和工业化融合管理体系 评定分级指南》等系列标准，结合管理、业务、技术等转型维度的发展趋势，提出直接反映数字化转型特征，并能引导和规范企业数字化转型的**四个重点标准方向**，以指导具体标准的立项和制定。对尚未纳入标准研制方向但在上述标准框架中列出的，是下一步开展标准工作的重点研究方向。

数据基础类。工业互联网平台数据字典、工业设备接入数据字典。

技术应用类。工业 App 可视化开发环境通用要求、工业 App 接口规范、平台开放应用编程接口规范、工业微服务接口基本要求、异构协议兼容适配指南、微服务参考框架等。

业务指南类。工业互联网平台选型指南、中小企业数字化转型应用指南、工业互联网平台应用实施的数字化管理、智能化生产、网络化协同、个性化定制和服务化延伸方面的指南等。

服务与评价类。工业互联网平台供应链弹性评价指南、供应商分级分类指南、工业企业上云效果评价、工业 App 测试规范等。

（四）中小企业数字化转型标准示例

企业是一个创造、传递、支持和获取价值的系统，价值效益是企业可持续发展的主要衡量目标，价值体系作为价值效益的载体，在中小企业数字化转型建设实施的过程中，首先需要明确数字化转型的目标，即价值体系优化和创新是转型的根本目标。

如图 8-3 所示，中小企业数字化转型目标包括三方面内容。一是实现企业生产运营优化。针对传统业务，应用数字化手段提高规模化、多样化效率，提升单位时间及员工价值产出，大幅降低研发、生产、管控、运营成本，推进设计、生产服务、采购及供应商协作等企业全要素全流程质量提高。二是推进产品/服务升级。通过融合和应用新一代信息技术，创新智能产品和高体验产品/服务，依托新产品/服务的价值延伸，拓展基于原有产品的增值服务，提升主营业务核心竞争力，推动主营业务模式创新。三是实现业务重构，创新商业模式。将数字资源、数据能力等进行服务转化，形成数据驱动的生产、服务新业态。加强生态合作伙伴链接及合作能力，包含供应链协同能力、生态共建能力等，探索全新商业模式，创造价值增量，扩大价值空间边界，最终实现构建新的价值体系。

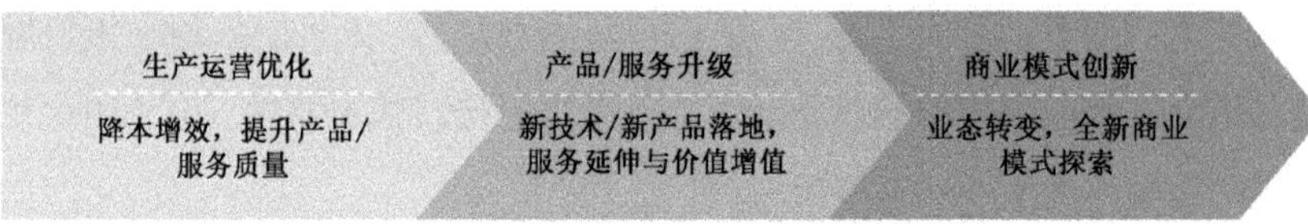

图 8-3　中小企业数字化转型目标

中小企业开展数字化转型应利用数字化手段开展管理创新、产品创新和业务创新。其中，管理创新作为支撑，业务创新作为核心，产品创新作为重要的实现方式，不断提升数字化转型能力。

管理创新包括企业文化建设、组织机制变革、数字化人才管理、数据资源管理、决策模式变革等方面的内容。数字化转型企业文化的内涵丰富，包括数字驱动型文化和合作创造型文化等，企业文化的建设包括开展企业文化总结和提炼、数字化转型文化建设、数字化转型文化巩固与应用三个方面。组织机制变革包括组织结构转变、驱动力转变和劳动关系重构。人力资源管理应树立以人为本的管理理念，利用数字技术对人才进行招募、使用、培养、保留等人力资源全环节的管理活动升级，以提升组织效能、提高员工体验、驱动智慧决策。数据资源管理是将数据作为核心生产要素，开展数据治理，以降低运营成本、提高科学决策水平。决策模式变革是指转变为数据驱动的决策模式，达到科学决策、高效决策。

产品创新需要以用户体验为核心，充分运用数字技术赋能产品全生命周期，组织开展产品数字化转型，包括产品研发设计数字化、产品数据共享，以及开发可感知、能互联、易交互的新型智能产品，挖掘产品使用过程中的数据价值，为用户提供个性化服务，实现工具型产品向服务型产品的转变。

业务创新应以中小企业自身核心业务为切入点，面向实际业务场景需求，开展数字化活动。重点包括采购供应数字化、生产管控数字化、质量控制数字化、仓储物流数字化、销售管理和售后服务数字化等。中小企业在实现核心业务数字化的基础上，也应该充分运用数字技术实现业务全链数据融通，且保证数字化可追溯和不可篡改，有效支撑管理决策。

二十六、标准应用典型案例

开展数字化转型，新型能力建设是贯穿始终的核心路径，通过识别和策划新型能力体系，持续建设、运行和优化新型能力，支持业务按需调用能力，以快速响应市场需求变化，从而加速推进业务创新转型变革，获取可持续竞争合作优势。下述案例中，从新型能力的主要视角出发，阐述中小型企业在生产现场精细化管控、数字化研发设计、快速响应、创新服务四方面的建设与成效。

（一）生产现场精细化管控能力建设

1. 案例综述

如图 8-4 所示，珠海某电子元器件制造企业围绕打造生产现场精细化管控能力，基于在线生产设备数据采集分析能力的构建，运用先进的 SCADA 系统，将车间各类仪表、工业设备设施有效联结，实现对设备运行实时的

图 8-4　生产现场示意图

监管和控制、生产工艺的精准控制和安全连锁，同时实现了工艺设备、产耗、异常等过程数据对新型的透明化、可视化管控，提高了质量稳定性和生产效率，最终实现对生产车间、生产过程的实时监控与修正，大幅提升产品制造过程的稳定性，实现车间生产设备控制层和管理信息流的集成，达到生产现场的精细化管理。

2. 案例内容

1）能力策划

企业围绕战略，基于面临的机遇和挑战及自身的优势和劣势，企业识别和确定了当前需要构建或增强的可持续竞争优势包括四个方面，分别为专业高效的研发创新优势需求、卓越高效的经营管理优势需求、精益智能的生产制造优势需求、精准优质的营销服务优势需求，并按照当前发展阶段确定“生产现场精细化管控能力”。图 8-5 所示为战略、竞争优势、新型能力关系匹配图。

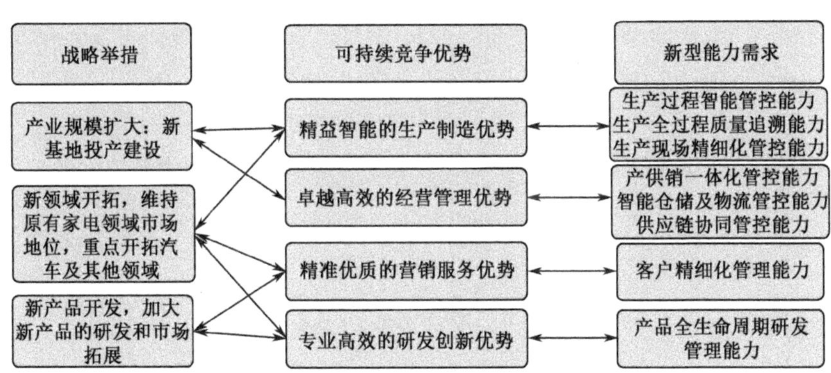

图 8-5　战略、竞争优势、新型能力关系匹配图

2）能力建设与运行

● 业务流程

企业根据业务需求对生产、工艺、设备、质量、能耗等模块的流程进

行梳理和优化，并以工艺过程为主线，对应业务场景进行关联，形成端到端流程贯通。

- 组织结构

企业通过产品结构改善、自动化、信息化等，提高了对车间的实时监控能力，达到透明化管理，增强对品质的管控，降低材料的浪费，提高工作效率，实现减员 20 余人。

- 技术实现

企业建成新的 SCADA 平台，并于 MES 系统集成，实现了设备互联，通过设备采集生产、工艺、质量、设备、能耗信息，完成漆包线自动报工和下线数量自动记录，实现订单的自动下达和生产。

- 数据开发利用

企业建成 SCADA 平台，实现 SCADA 与 MES 集成。建设模块含采集服务、MQ 服务、数据处理中心、看板系统、业务应用系统、WebApi 接口服务及 MES 接口服务等，实现数据的采集、共享。总体技术架构如图 8-6 所示。

图 8-6　总体技术架构

3）能力成效（见表 8-1）

表 8-1　能力成效

新型能力名称	量化指标	指标解释（考核周期均为月）	2019 年年末指标目标值	当前指标实际值（2019 年 6 月）	2018 年年末指标实际值	指标计算单位
生产现场精细化管控能力	毛毯机线合格率	毛毯机漆包线合格品重量/毛毯机生产漆包线各品种总重量×100%	≥99.3	99.82	99.41	%
	模具机线合格率	模具机漆包线合格品重量/模具机生产漆包线各品种总重量×100%	≥98.2	98.34	98.87	%
	生产效率提升率	按公司年增效控员管理办法中的公司指标	≥13	12.2	15.2	%
	设备被动停机率	当月设备故障时间与当月设备运行总时间比率	≤0.7	0.03	0.04	%
	毛毯机绝对效率	实际报工数量/设备理论值（DV 值）×100%	≥92.3	97.3	89.6	%
	模具机绝对效率	实际报工数量/设备理论值（DV 值）×100%	≥82.2	85.2	85.5	%
	设备联网采集率	已经实现联网采集的设备/需要联网采集的设备总数×100%	≥70	56.4	34.6	%

(二) 数字化研发设计能力建设

1. 案例综述

如图 8-7 所示，武汉某汽车座椅制造企业通过数字化研发工具及验证中心实验设备，采用“共建共享”机制建设科技情报信息库、专利文献数据库、工业设计素材库、零部件数据库、产品数据库、产品知识库等，积累更加丰富的产品设计模块化的基础资源，为产品后续设计提供可快速服用及优化的通用性、模块化零部件与产品的资料库。通过数据标准化建设扩大零部件数据库中通用标准间的覆盖范围，提高产品结构 BOM 的准确率和覆盖率，缩短产品设计开发及市场应用周期，提升产品性能，降低产品设计开发的成本。

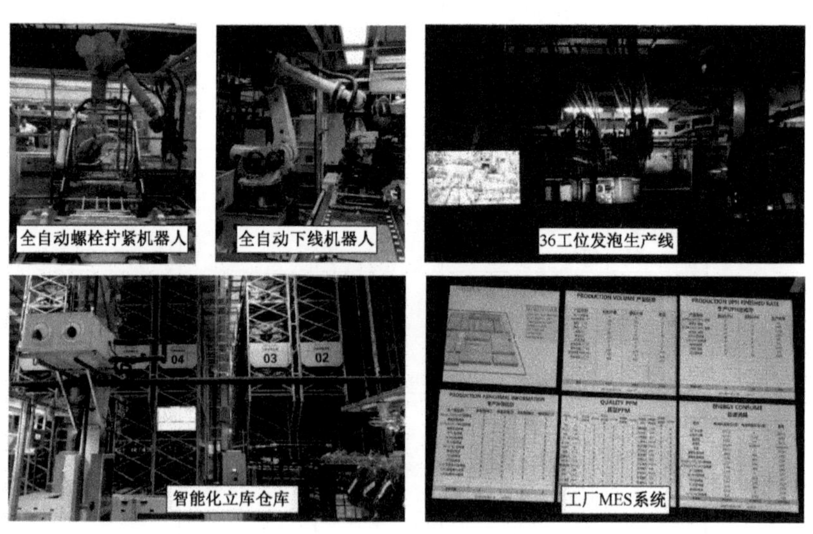

图 8-7　生产现场示意图

2. 案例内容

1）能力策划

企业围绕战略规划及目标，在研发设计资源优势基础上，通过对客户需求精准定位与 NSTK/PLM/CATIA/CAE 的高效应用，能够更加高效、精确地设计出与客户定制需求匹配度极高的产品原型，公司确定“汽车座椅数字化研发管控能力”，在研发人员互联网、技术、协同设计、智慧设计方面建立持续竞争优势。图 8-8 所示为战略、竞争优势、新型能力关系匹配图。

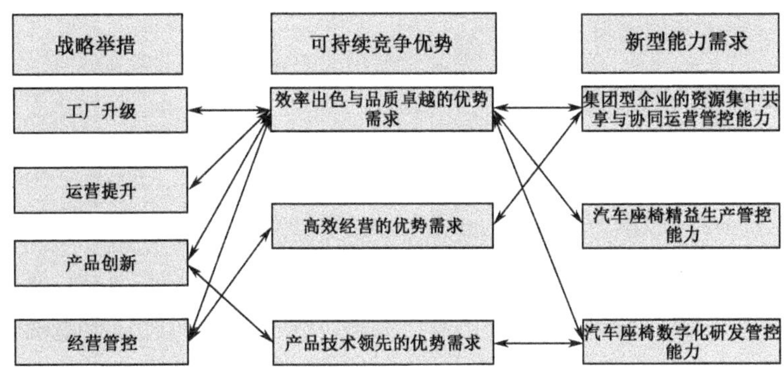

图 8-8　战略、竞争优势、新型能力关系匹配图

2）能力建设与运行

- 业务流程

以建立、管理流程制度并执行自动化工作的驱动过程为目标，优化工程变更管理、零件及 BOM 搭建、技术文档管理等二级业务流程，实验报告签章操作四级流程由线上取代原有的半自动化签章流程。

- 组织结构

企业围绕优化后的新产品研发管理过程中的检查点、技术评审点与决策点，规范检查、评审、决策的内容，调整并完善数据检查点、关键评审环节、关键过程决策环节的岗位职责，并制定了跨部门沟通协调机制。

● 技术实现

企业建成有研发管控平台，通过 PLM 系统基础模块应用和 CATIA/CAE 集成，实现数据管理、零件管理、产品结构管理 BOM、工作区文档管理、流程管理、工程变更管控、建模工作室 DEC、多 CAD 集成平台 CD5/CATIA V5 集成接口 CT5、三维可视化浏览和批注 C3D 的实施，将产品 2D 图纸、3D 数模、零件/E-BOM 数据、技术文档等转为研发基础数据，通过九个基本模块的信息集成，可将客户需求转为公司内部需求，提高信息的传达速度和准确性。

● 数据开发利用

企业根据内部需求，支撑公司数据透明化、数字化、集成化，为有效利用各系统的数据，围绕产品结构 BOM/零部件、项目配置、项目工程变更等制定分析模型，为产品数据管理提供预警、追踪、分析验证、决策等功能，有效提升产品数据资源的利用水平。如产品结构 BOM 和零部件的比较功能，帮助工程师比较不同零部件，以及不同产品结构之间的差异，为零部件的重用、产品的生产及成本核算提供依据。

3）能力成效（见表 8-2）

表 8-2 能力成效

新型能力名称	量化指标	指标解释	2019 年年末实际值	2020 年年末目标值	当前指标实际值（截至 2020 年 9 月）	指标计算单位
汽车座椅数字化研发管控能力	新产品设计平均变更次数	产品设计变更数/产品总数	6.7	≤6	5.7	次/产品
	新产品开发未决问题按时关闭率	同一季度按时关闭的开发缺陷数/同一季度开发的缺陷总数×100%	88.4	≥90	92.1	%

续表

新型能力名称	量化指标	指标解释	2019 年年末实际值	2020 年年末目标值	当前指标实际值（截至 2020 年 9 月）	指标计算单位
汽车座椅数字化研发管控能力	新产品项目计划完成率	准时完成项目数/总项目数×100%	84.2	≥85	87.2	%
	新产品的零部件复用率	（BOM 中原有零部件 item 数量-新申请零部件 item 数量）/原有零部件 item 数量×100%	84.8	≥86	86.7	%
	研发专利数同比提升	（当年研发专利数－上年研发专利数）/上年研发专利数×100%	4.7	≥5	6.2	%

（三）快速响应能力建设

1．案例综述

武汉某金属制品企业基于客户需求的快速响应与交付能力，依托 SMART 信息平台，集成销售管理、供应商管理、采购执行、仓储管理等系统，优化销售预测流程，实现客户在信息平台实时依据其需求快速下达订单，公司按照客户订单安排生产与快速交付的拉动式模式。实现由公司生产什么产品，客户（经销商）就卖什么产品到客户（经销商）需要什么产品，公司就生产什么产品的战略转变，提高了客户需求的快速准确获取、反应与交付能力。图 8-9 所示为该企业氧化生产线及不锈钢汤锅成型自动生产现场。

图 8-9　氧化生产线及不锈钢汤锅成型自动生产线现场

2. 案例内容

1）能力策划

企业依据公司战略规划和目标，需要逐步引进信息技术，提升内部运行效率及经销商真是需求的响应与满足程度，制定了战略和匹配，依据发展阶段，打造基于客户需求的快速响应与交付能力。图 8-10 所示为战略、竞争优势、新型能力关系匹配图。

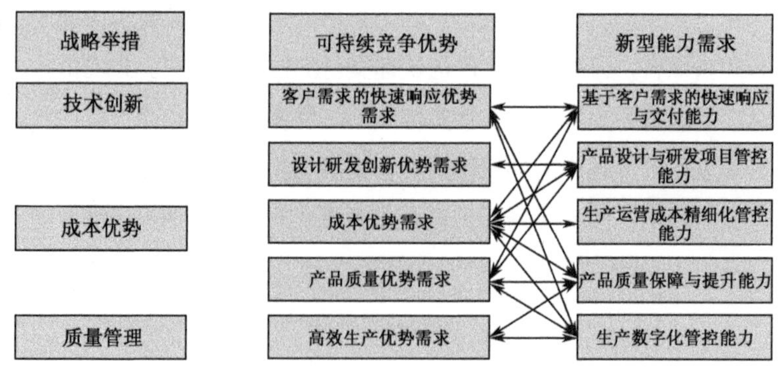

图 8-10　战略、竞争优势、新型能力关系匹配图

2）能力建设与运行

● 业务流程

为增强企业的市场竞争力，实现快速响应和交付，企业对围绕产品全生命周期的采购需求与备货管理、采购订单下达、收货、来料检验、配料、销售预测等 9 项业务流程开展优化，提升采购计划订单传递、物料收发货、物料质量信息传递、物料入库上架、物料出库的效率和销售预测性、客户订单真实需求获取的时效性。

● 组织结构

通过采购、仓储等业务流程的优化，对对应的岗位及职责进行调整，如负责物料入库的仓管人员通过物料信息确定物料仓储区域，优化后直接通过信息系统确定，释放部分人力。

● 技术实现

企业以 SMART 为实现客户需求的快速反应与交付的主系统，集成供应商管理系统、仓库管理系统，结合销售、采购、物料收获、发料、配送等管理实际需求配置信息系统模块和硬件设备。图 8-11 所示为技术架构图。

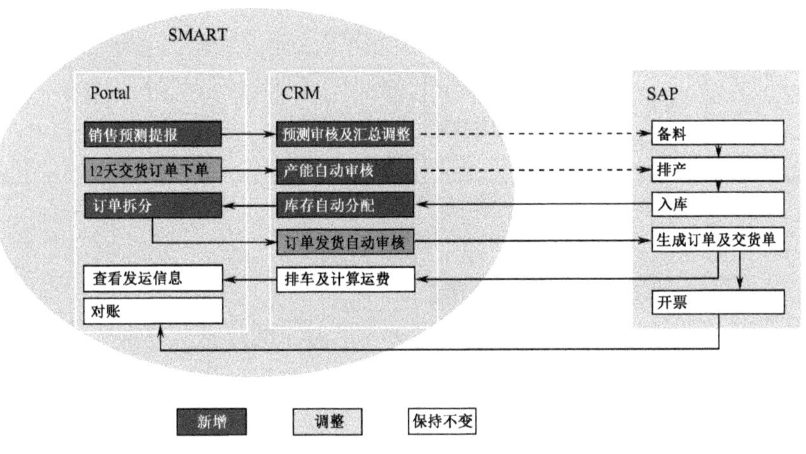

图 8-11　技术架构图

- 数据开发利用

企业通过物料采购、物料仓储、客户订单下单等阶段的数据采集和分析，快速、准确地获取信息，同时对市场进行预测，更好地应对市场变化，保持可持续竞争优势。

3）能力成效（见表 8-3）

表 8-3　能力成效

新型能力名称	量化指标	指标解释	2020 年目标值	2020 年 1—11 月实现值	2019 年实际值	指标计算单位
基于客户需求的快速响应与交付能力	库存周转天数	360×月末存货余额/12 个月主营业务成本之和	50.77	50.63	51	天
	生产计划达成率	实际产量/计划产量×100%	98	98.1	97.7	%
	来料百万退货率	（C 数量×100 万）/抽样数量+（M 数量×100 万）/抽样数量	700	681	711	PPM
	核心产品断货次数	核心产品连续 7 天库存为 0 的则视为断货	3	2	4	次
	销售预测准确率	产品月度订单数/产品月度预测数×100%	65	68	60	%
	客户投诉率	客户投诉次数/（过去 12 个月出货数量总和/12）	0.185	0.176	0.21	%

（四）创新服务能力建设

1. 案例综述

如图 8-12 所示，惠州某电子制造企业为有效支撑获取预期的可持续竞争优势，打造了基于互联网的电子硬件创新服务能力，打造该能力的实质就是以公司营销管理模式及客户需求为导向，应用互联网技术进行客户关系管理，提供互联网在线订单交易服务，提供互联网自动报价，建设造物工场平台，应用互联网技术提升营销推广及覆盖能力，增加客户黏性，提升业务挖掘机会。支撑该能力的信息系统主要有：ERP 系统、CSC 系统（客户服务）、KBQM 系统（器件报价）、KBGPI 系统（智能预审）、造物工场平台。未来公司将继续推进标准化管理、搭建平台数据库、建立问题管理机制、项目计划管控等功能，为硬件创新孵化提供必要条件和平台。提供多形态、全方面硬件快速交付服务。基于项目需求进行工业自动化改造，规范车间秩序，节约成本，整合供应链资源，提高物流出货运送效率，提升公司的生产产能和交付能力。

图 8-12　生产现场示意图

2. 案例内容

1）能力策划

企业围绕“云创新、微制造、芯服务”的战略，以品质和交付为核心，搭建了系统化的交付平台和品质保障系统。为有效支撑获取可持续竞争优势，以营销管理模式及客户需求为导向，应用互联网技术进行客户关系管理，提供互联网在线订单交易、自动报价，建设造物中心，应用互联网技术提升营销推广及覆盖能力，增加客户黏性，提升业务挖掘机会，推进标准化管理、搭建平台数据库、建立问题管理机制、项目计划管控等功能，为硬件创新孵化提供必要条件和平台，选择打造基于互联网的电子硬件创新服务能力。图 8-13 所示为战略、竞争优势、新型能力关系匹配图。

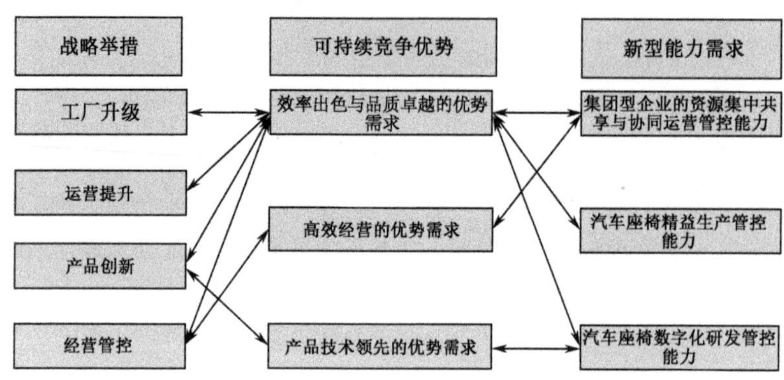

图 8-13　战略、竞争优势、新型能力关系匹配图

2）能力建设与运行

- 业务流程

企业根据业务需求按域对各模块的流程进行梳理与优化，将质量、安全、风险及内控的要求进行业务流程梳理与优化，对流程架构进行分层分级，并根据业务场景将流程进行关联，形成端到端流程贯通。

整合现有流程、制度及体系文件，实现架构、管理、平台“三统一”。统一架构是指流程、制度及体系文件都应统一在“公司流程架构”15 个业务域下；统一管理是指统一制度、流程及体系文件的生命周期管理的责任人为流程责任人；统一平台是指将目前 EPROS 系统作为制度、流程及体系文件存档与发布的统一平台，并推行“流程为主导，辅以制度，体系文件原则上用流程方式来呈现”的建设方式。

- 组织结构

如图 8-14 所示，企业为契合企业可持续发展战略，增设数据运营部，强化数据运营管理能力，提升数据资产管理，数据治理与数据挖掘分析能力；增设 IDM 事业部，下设平台运维部、工厂运营部、工厂销售部，致力于造物工场平台建设。将质量与交付部变更为质量管理部，增加系统和精益的管理职能。

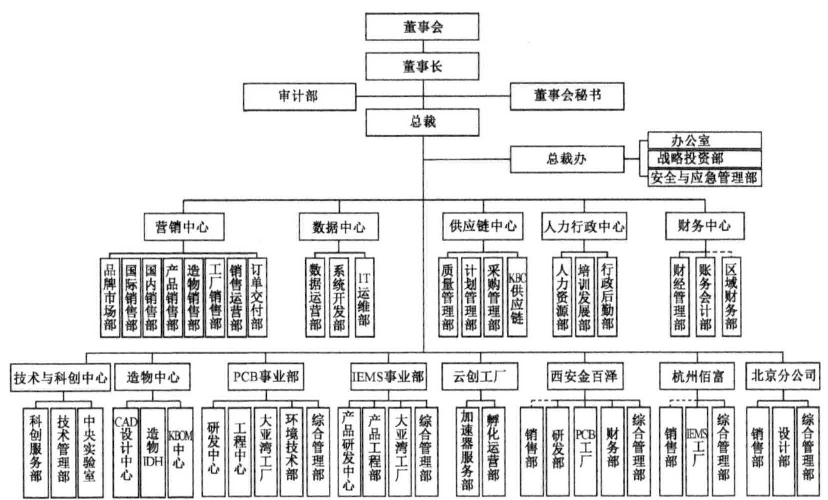

图 8-14　组织结构调整优化图

- 技术实现

企业建成产品全生命周期管理的造物工场平台。主要技术实现包括：一是基于云部署模式，系统平台完整独立运行与云空间；二是与内部 ERP 通过 Webservice 完成订单投放 WIP 过程数据交换，实现数据实时联动；三是与支付平台实现接口对接，支持多支付模式；四是与第三方物流实现接口对接，实现在线获取物流最新状态，并与短信平台实现 API 对接，实现订单关键节点的短信提醒。图 8-15 所示为技术架构总图。

- 数据开发利用

企业通过造物工场平台收录的客户信息、单据信息等基础数据，一方面进行出货分析、客诉分析、交易流水分析、缺数等多维度分析，绘制客户肖像，定制化需求，增强客户黏性。另一方面按照组织及区域、销售收入及数量结构等不同维度进行客户贡献分析，更具科学性调整公司运营策略和绩效考核。

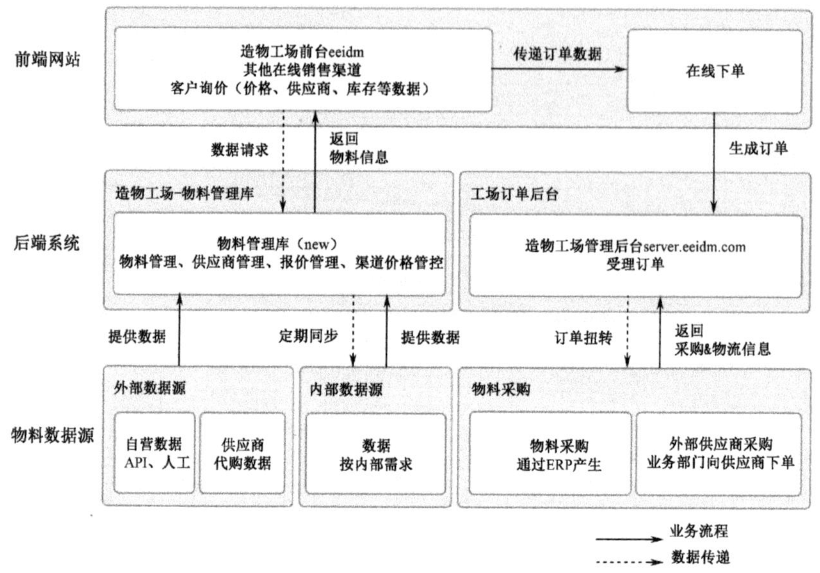

图 8-15　技术架构总图

3）能力成效（见表 8-4）

表 8-4　能力成效

新型能力名称	量化指标	指标解释	2020 年年末目标值	当前指标实际值（截至 2020 年 3 月）	2019 年年末实际值	指标计算单位
基于互联网的电子硬件创新能力	PV	网站点击量：即用户点击各品牌官网内容的次数	≥30	3.5902	22.15	万次
	销售额	造物工场平台所获取的不含增值税的销售收入	≥1200	194	845.9	万元
	注册客户数量	当期内已在造物工场平台上注册账号的客户数量	≥1300	1081	1032	个

续表

新型能力名称	量化指标	指标解释	2020年年末目标值	当前指标实际值（截至2020年3月）	2019年年末实际值	指标计算单位
基于互联网的电子硬件创新能力	准交率	准交率=订单准交批次/订单总交付批次×100%	≥80	50	75.06	%
	设备自动化率	设备自动化率=自动化设备数量/总设备数量×100%	≥65	62.8	62.8	%
	人均生产产值	人均生产产值=销售收入/平均总人数	≥5.2	3.92	5.04	万元

政策案例篇

第九章

Chapter 9

推动中小企业包容性增长的政策布局

当前，全球经济社会发展正面临全新机遇与挑战，世界主要国家纷纷将发展制造业作为经济增长的新动能。随着工业互联网在全球范围内的蓬勃兴起，世界各国都希望抓住这一新的机遇来实现本国产业的转型升级。发达国家希望将新一代信息技术与深厚的工业基础深度融合，继续保持其在全球工业领域的领先地位；发展中国家则希望通过应用新型技术为本国经济发展注入新动能，实现弯道超车。为此，各国政府纷纷制定了一系列政策推动本国工业互联网的发展，促进制造业的数字化转型升级。

中小企业作为数量最大、最具活力的企业群体，是各国实体经济的重要基础。在全球制造业企业数字化转型的浪潮中，中小企业是制造业企业数字化转型的主战场，是实体经济转型升级的主力军。然而，中小企业在数字化转型升级过程中普遍面临基础薄弱、研发投入不足和创新能力较差等问题，因此在全球范围内中小企业仍普遍处于数字化转型升级的起步和探索阶段。如何有效推动中小企业进行数字化转型升级已经成为各国政府面临的重要挑战。

我国制造业发展迅速，当前已成为世界第一制造大国，也是世界上唯一一个拥有全部工业门类的国家。然而当前我国制造业总体上“大而不强”，中小企业居多，并且大多处于低端的产业链位置、产品位置和市场位置，在全球竞争中处于劣势地位。因此，加快推动我国制造业中小企业数字化转型升级已成为我国实现经济高质量发展和增强企业全球竞争力的重要前提。为更好地支撑我国政府制定有关中小企业利用工业互联网进行数字化转型升级的政策，学习和借鉴国外发达国家的先进经验，本章将重点分析梳理国内外工业互联网发展及中小企业数字化转型的政策布局。

（一）美国政府

1. 美国工业互联网发展现状

2012 年 11 月 26 日，GE（通用电气）发布《工业互联网：打破智慧与机器的边界》白皮书，在全球首次正式提出工业互联网的概念。GE 认为，过去 200 年里人类先后经历了工业革命、互联网革命和工业互联网三次创新和变革浪潮，工业互联网是工业革命和互联网革命创新、融合的产物，工业革命带来无数机器、设备组、设施和系统网络，互联网催生出计算、信息与通信系统更强大的进步。工业互联网使世界上的机器都能连接在一起，并通过仪器仪表和传感器对机器的运行进行实时监控和数据采集，海量的数据经过强大算力和高效算法的处理，实现机器智能化并显著提高生产系统的效率。2014 年 3 月底，GE 联合 AT&T、Cisco（思科）、IBM 和 Intel（英特尔）等 5 家企业联合成立了工业互联网联盟（IIC），旨在建立一个致力于打破行业、区域等技术壁垒，促进物理世界与数字世界融合的全球开放性会员组织，并通过主导标准设立来引领技术创新、互联互通、系统安全和产业提升。当下，美国已成为全球工业互联网领域的引领者。美国企业借助其在先进制造领域的全面优势，正积极构建工业互联网发展的开放生态，并呈现出积极的进展，主要表现为以下内容。

美国先进企业正积极聚合全球力量协同推进工业互联网发展。工业互联网联盟（IIC）已成为全球最重要的工业互联网产业推广组织之一。截至目前，该联盟已汇聚了全球 30 多个国家和地区的近 300 家成员单位，包括西门子、ABB、施耐德、博世等工业自动化解决方案先进企业，波音、三菱、海尔等先进制造企业，微软、SAP、华为、富士通等信息通信企业，以及美国国家标准研究院（NIST）、约翰斯·霍普金斯大学、宾夕法尼亚大学、中国信息通信研究院等全球顶尖科研机构。截至目前，IIC 已与德国、日本和法国等多国政府建立了对话合作渠道，和电气与电子工程师协会（IEEE）、国际标准化组织（ISO）、国际电工委员会（IEC）等全球 20 多个知名行业组织形成了广泛合作关系，IIC 已逐渐成为全球工业互联网推进的重要枢纽。

美国的巨头企业展示出了强大的平台构建能力。美国工业巨头企业纷纷进行全球布局，打造可实现工业设备设施连接、工业大数据分析和工业应用开发与部署服务等综合功能的工业互联网平台。当前，美国的工业互联网平台在世界范围内占据领先地位。美国自动化与装备制造、信息通信、互联网、物流供应链、大数据等领域的行业巨头企业，纷纷构建了本行业内先进的工业互联网平台体系，诸如以通用 Predix 平台为代表的制造领域平台、以微软 Azure 平台为代表的系统服务领域平台、以霍尼韦尔 Movilizer 为代表的垂直领域平台、以亚马逊 AWS IoT 为代表的互联网领域平台和以思科 Jasper 为代表的通信领域平台等。这些工业巨头企业在既有高端产品、装备全球垄断地位的基础上，加紧构建“国际品牌+高端产品+先进平台”和“制造+服务”的立体新优势，强化实体行业对其高端产品和服务的高度依赖，提升其在全球生产要素和资源配置的掌控能力。

美国的巨头企业在前沿技术领域开展了大量前瞻性布局。在工业互联网的新技术方面，无线网络技术在工业领域的应用正在不断深化，以霍尼韦尔为代表的巨头企业纷纷推出了基于无线技术的整机设备和成套系统，无线网络应用范围正从信息采集、网络监控和预警等非实时控制向工业实时控制领域渗透。TSN 和边缘计算等新一代网络技术正在引起全球主要企业和产业组织的普遍关注。在工业互联网相关标准研制方面，IIC 以驱动全球性的工业互联网标准构建作为战略目标，以架构设计作为引领标准需求、技术研发、验证测试、产业部署、安全保障等工作的重要抓手，并成立专门机构，与 ISO 等国际标准化组织、开源组织和区域标准研制部门合作，加快具体标准研究。在工业互联网安全方面，IIC 高度重视工业互联网安全，于 2016 年 9 月发布工业互联网安全框架（IISF），指导企业进行工业互联网安全措施部署，近期又启动了《工业互联网安全成熟度模型》和《工业互联网安全最佳实践》等的编制工作，正在开展测试床安全评估，进一步全面推动工业互联网安全解决方案的落地实施。

2. 美国政府在推动工业互联网发展中的关键作用

随着新一代科技革命产业变革的兴起，工业的数字化、网络化和智能化发展已成为重要的发展方向之一。美国政府将互联网与工业融合作为重塑制造业竞争优势、抢占发展先机的重要切入点，政府、产业和企业等各方相互协作，共同推动以工业互联网为代表的先进制造的发展。其中，美国政府层面大力支持的举措包括以下内容。

强化顶层战略的引领。美国对工业互联网的顶层设计主要通过先进制造加以体现。自 2009 年起，美国政府先后出台了《先进制造业国家战略计划》《先进制造业伙伴计划》和《美国国家创新战略》等多项政策和措施，提供全面保障，通过实施重点项目，积极推动美国制造业的数字化、网络化发展。据统计，到 2019 年年底美国联邦政府已累计投资了 10.35 亿美元在全美建成了 14 家制造业创新中心，覆盖了材料、芯片等先进制造业关键产品。

技术产业的超前布局。美国信息技术全球领先，政府在信息物理系统（CPS）研发布局的起步早，使其在工业互联网发展中技术优势明显。早在 2006 年，美国国家自然科学基金会（NSF）就已将 CPS 列为重点项目，并连续 12 年提供专项资金予以支持。2018 年美国联邦政府共投资 2.2 亿美元支持先进制造和 CPS 的研发。美国政府也持续加大对先进制造业研发的投资力度，例如，《美国先进制造业领导战略》中指出重点支持智能制造和数字制造系统、工业互联网、工业机器人、人工智能等引领世界制造业发展的关键技术。

营造良性的发展生态。美国将推动制造业税收改革作为优化先进制造发展环境的重要手段，在已经初步通过的新政府税改方案中，企业所得税率由 35%下调至 21%。同时，美国以制造业创新中心为关键节点，打造覆盖全国的先进制造技术转化网络，这些创新中心与区域经济集群相互融合，创造巩固了区域内企业协作关系，如底特律经济区内汇集了 7 个创新中心的 63 家机构，并衍生出 125 对不同类型的协作关系，“溢出效应”明显。此外，美国政府重视知识产权的保护，将知识产权，特别是专利、商标、商业秘密等，放在与先进制造技术同等重要的地位。完善的知识产权保护体系一方面调动了技术开发者的积极性，激励了创新；另一方面也吸引了私营部门对先进制造技术的投资。

加强国际合作和人才培育。一方面，美国与主要发达国家间密切合作，充分发挥各自的优势，强强联合，抢占工业互联网的发展先机。目前，美国工业互联网联盟和德国“工业 4.0 平台”已经建立了常态化的协同机制，正在联合研究推进测试床等成果。另一方面，美国正试图通过教育改革，加强劳动力技能培训，以此适应物联网和工业互联网时代的人才发展需求。例如，美国在《先进制造业伙伴计划》中提出了提高大众对制造业职业的兴趣、利用退伍军人人才库、投资社区大学、提供技能认证等六项具体措施；在《先进制造业国家战略计划》中提出要将先进制造的职业技术教育拓展至中等和高等教育以及扩大对教育资源的持续投入等。表 9-1 所示为美国先进制造和工业互联网相关政策措施。

表 9-1　美国先进制造和工业互联网相关政策措施

发布时间	政策	相关举措
2009.12	《重振美国制造业框架》	基于技术、贸易、税收、人才来重振制造业
2011.6	《先进制造业伙伴计划》	通过构建创新网络、保证创新人才渠道及提升商业环境等措施来保持美国制造业的全球竞争力
2012.2	《先进制造业国家战略计划》	提出投资先进制造研发、增强劳动力技能、建立合作关系等五大战略目标和具体建议
2013.1	《国家制造业创新网络：一个初步设计》	建立全国性创新网络，研究关键制造技术
2016.2	《国家制造业创新网络战略计划》	提出提升制造业竞争力、促进创新技术转化、培养先进制造劳动力、构建稳定和可持续发展的商业模式四大战略目标
2018.10	《美国先进制造业领导力战略》	提出发展新的制造技术并加强成果转化、对制造业劳动力进行教育培训并加以聚集、建立弹性可控的制造业供应链三大目标

3. 美国中小企业数字化转型的政策现状

近年来，美国政府在重振制造业方面做出了积极的政策引导。而美国中小企业约占美国企业总数的 99.7%以上，是美国创新的重要源泉，也是推动美国经济复苏的重要动力，因此美国政府也十分注重对制造业小企业数字化转型的引导。

2010 年，美国联邦政府颁布了《美国制造业促进法案》，2011 年出台了《美国先进制造业伙伴计划 2.0》，2012 年出台了《先进制造业国家战略计划》，2014 年又分别出台《振兴美国先进制造业 2.0 版》和《振兴美国制造业和创新法案 2014》，2015 年出台了《美国国家创新战略》，2016 年出台《国家制造业创新网络战略计划》，2018 年出台了《美国先进制造业领导力战略》。在这些政策文件中均涉及支持制造业小企业数字化转型的内容，提出通过科技支持、财政支持、引导投资、税收减免等方式的支持，以及重点帮扶小企业的数字化转型升级的方案。

此外，考虑到小企业在数字化转型升级中的资金、技术、人才不足等制约因素，美国政府早在 2006 年就开始布局，支持美国国家自然科学基金会（NSF）投入大量资金和研发力量，花费十多年时间，从数据基础设施、关键技术和数据创新网络三个阶段分阶段推进数据战略，在完成理论构建之后，率先建设了数据基础设施，为国家级的数据战略探索奠定了基础，重点解决了数据关键技术的研究工作，而且重点瞄准小企业数字化转型的难点和痛点来落实工作，取得了积极成效。

然而，虽然美国政府出台了多项政策以推动制造业的转型升级，也提及了关于支持制造业小企业的数字化转型，但目前尚未有专门针对制造业小企业数字化转型的政策发布，关于支持制造业小企业数字化转型的政策内容主要停留在概念层面上，尚未有具体的实质性指导意见出台。

（二）欧盟国家

1. 欧盟“工业 4.0”发展现状

在欧洲，关于新一代信息技术与制造业深度融合的概念更多被称为“工业 4.0”。所谓“工业 4.0”是指工业革命的第四个阶段或第四次工业革命。

在第四次工业革命中将会形成一个将资源、信息、物品和人互联的信息——物理系统（CPS），实现“智能生产”和“智能工厂”。“工业 4.0”的核心是三大集成，即纵向集成、端到端集成、纵横集成。纵向集成是指将包括机器设备、供应链系统、生产系统和运营系统等企业内部流程连接起来，实现信息的实时沟通；端到端集成是指在价值链的角度，从产品的创意、设计到制造，再到运行服务，实现对产品的全生命周期管理；纵横集成是指企业的供应链上下游的供应商、合作伙伴之间的互联。“工业 4.0”包括了智能工厂、智能产品、智能服务三大议题。不难发现，欧盟“工业 4.0”的概念与工业互联网的内涵十分相似。

欧盟内最早提出“工业 4.0”概念的国家是德国，德国也是“工业 4.0”发展最为迅速的国家。2012 年 10 月，德国信息技术、电信和新媒体协会（BITKOM），德国机械设备制造业联合会（VDMA）及德国电气和电子工业联合会（ZVEI）组成的工作组交付了《保障德国制造业的未来：关于实施“工业 4.0”战略的建议》，首次提出了“工业 4.0”的概念。2013 年，“工业 4.0”正式被德国政府认可，德国联邦经济事务和能源部、德国联邦教育及研究部正式将“工业 4.0”纳入德国《高科技战略 2020》中，成为德国政府确定的面向未来的十大项目之一。2013 年 4 月，德国政府在汉诺威工业博览会上正式发布《实施“工业 4.0”战略建议书》，随后德国电气和电子工业联合会于 2013 年 12 月发布了“工业 4.0”标准化路线图。

随着德国“工业 4.0”概念的提出和发展，欧盟其他国家也基于各自领先的制造业自动化基础，不断强化信息技术应用，纷纷加快本国“工业 4.0”的相关行动部署和产业布局，领先企业参与“工业 4.0”的积极性也不断高涨并已取得了积极进展。例如，德国西门子将工业互联网作为数字化转型的关键杠杆，在其发布的“愿景 2020+”战略中宣布将数字化工业作为未来企业三大运营方向之一，并联合库卡、Festo、艾森曼集团等 18 家合作伙伴公司共同创建了“MindSphere World”，打造围绕 MindSphere 平台的生态系统，并扩展其全球影响力。瑞士 ABB 通过与 IBM 合作提升旗下工业互联网平台——ABB Ability 平台的计算和分析能力，目前该平台已汇集了

210 多个数字化解决方案，未来将重点推动四大领先业务与 ABB Ability 平台的融合，为工业客户提供数字化产品解决方案；法国施耐德电气通过构建开放性、交互性、全面覆盖工厂及机器设备的工业互联网平台——EcoStruxure 平台，重新定义工业领域卓越运营的新标准，实现简化运营和提质增效，目前该平台已在全球部署超过 48 万个安装现场，得到了 20000 多名开发者和系统集成商的支持。

此外，为了快速增强工业互联网的核心竞争力，欧盟领先制造业巨头纷纷借助资本优势收购工业互联网领先技术公司，弥补软件开发、数据分析等当前弱势技术领域。例如，施耐德电气投入 30 亿英镑收购了英国 Aveva 公司，以增强自身工业软件研发能力；西门子花费 6 亿美元并购了低代码应用开发平台 Mendix，以降低西门子 MindSphere 平台中应用软件的开发门槛。当前，欧盟领先企业的工业互联网平台技术服务能力显著提升，如西门子的 MindSphere 平台、施耐德电气的 EcoStruxure 平台、SAP 的 SAP Leonardo 平台及菲尼克斯电气的 ProfiCloud 平台等，这些平台都已成为全球最具影响力的工业互联网平台之一。

2. 欧盟在推动“工业 4.0”发展中的重要作用

当前，尽管欧盟国家纷纷发布了本国的“工业 4.0”战略规划，但是各国基本各自为营，因此为了进一步推动欧洲工业数字化进程，整合欧盟成员国的工业数字化战略，欧盟制定了一系列举措，主要包括以下四部分内容。

一是重视新兴科技研发及成果转化。欧盟将科技创新视为对未来的投资，继“地平线 2020”后又发布了“地平线欧洲计划”，整合了欧盟研发框架计划（FP）、欧盟竞争与创新计划（CIP）、欧洲创新与技术研究院（EIT）三家预算，并在物联网、云计算、5G、工业互联网等方面发布战略，重点培育创新中小企业，确保欧洲科技创新的领先地位。其一是发布技术战略，帮助欧盟站在全球研究与创新的前沿，发掘更多新知识和技术，促进经济增长、贸易和投资；其二是投资技术研发，欧盟向关键产业技术提供重大的投资，2020 年投入 300 亿欧元用于技术研发，其中卓越科学 104.565 亿欧元、社会挑战 79.991 亿欧元、工业领先 45.359 亿欧元、欧洲创新委员会领航项目 26.482 亿欧元，为欧盟企业提供充足的资金，最大化地挖掘其潜力；其三是探索新的资助方式，资助“创新链”从基础研究到创新产品市场化所有环节的创新机构和创新活动，并根据研发活动的不同性质实行灵活拨款、贷款、政府资金入股和商业前采购等多种资助形式。

二是积极构建可信共享的工业数据空间。目前，工业数据被封存在各工厂、工业互联网平台内部，由于数据安全性不高、主权性不明确及共享利益难实现等问题，工业数据呈现分散化、碎片化的特点，成为工业互联网发展的瓶颈之一。德国率先提出工业数据空间（IDS）的概念，将分散的工业数据转换为一个可信的数据网络空间。目前已有来自 13 个欧盟国家的 74 家公司参与，通过数据确权和互操作的规定，汇聚整合来自工厂、物流公司、政府部门及第三方的数据，实现工业数据的可信、可用。

三是推动建立工业互联网统一标准。标准化工作是欧盟各项战略落地实施的重要支撑，为实现欧洲单一市场战略，统一标准一直是欧盟的主要手段。在组织管理方面，欧洲拥有众多国际标准化组织，专业机构是标准推动的重要力量，由欧洲标准化委员会（CEN）、欧洲电工标准化委员会（CENELEC）和欧洲电信标准化协会（ETSI）三大标准化机构主导，组织全社会标准化从业者共同完成标准化工作的具体执行。在数字化工业方面，欧盟将 5G、云计算、工业互联网、数据技术和网络安全五个方面的标准化工作作为数字化工业的重点，鼓励各利益相关方共同合作，构建技术、标准、产品的全链条一体化格局。

四是完善配套工业互联网的相关法律法规。推动支持数据自由流动的立法程序、完善对传感器和智能设备产生的数据所有权归属的规定等，欧盟委员会还审查通过了关于数据安全性和自控系统的责任规则等法律文件。

3. 欧盟中小企业数字化转型的政策现状

当前，欧盟国家纷纷出台了本国的工业数字化战略，如德国的“工业4.0”和法国的“新工业法国”等，加快本国工业数字化进程。然而，中小企业的数字化转型仍处于起步和探索阶段，数字化转型面临诸多困难。据欧盟委员会统计，截至 2018 年年底，欧盟的中小企业中仅有 17%能够将数字技术有效融入公司的业务中，而在大公司，该比例高达 54%以上。因此，为了加快推动欧盟中小企业的数字化转型，欧盟相继出台了一系列战略规划和政策方针。

2016 年，欧盟正式出台了“欧洲工业数字化战略”，重点针对中小企业数字化程度较低的局面，未来欧盟计划投入近 50 亿欧元，重点从整合欧盟各国数字化战略形成欧盟层面的工业数字化战略、建设泛欧数字化创新中心网络为中小企业提供数字化创新咨询和中试服务、完善配套法律法规、提升数字技能人才培养，以及在物联网和先进制等领域实施一批大型试点项目等方面加快推进欧洲数字化进程。

2018 年以后，欧盟又相继发布了《通用数据保护条例》《促进人工智能在欧洲发展和应用的协调行动计划》等战略和政策，加快推进欧盟的数字化进程，并将中小企业的数字化转型列为重点任务；2020 年 3 月，欧盟又出台了“欧盟新工业战略”，旨在重塑欧洲工业的数字未来，并专门出台了新的中小企业战略，旨在帮助中小企业实现数字化转型。特别是疫情的暴发给中小企业的生存与发展带来了较大的冲击，欧盟委员会更加认识到中小企业数字化转型的重要性，加大了对中小企业数字化转型的帮扶与引导，并于 2020 年 5 月提出了“欧盟下一代”经济刺激计划，将中小企业数字化转型列为主要发展方向。纵观这些工业数字化战略与政策，欧盟对中小企业数字化转型的帮扶具体可概括为以下方面。

重点加强中小企业数字化转型能力培养。欧盟主要从支撑平台和数字赋能两方面为中小企业的数字化转型提供帮助。在支撑平台方面，欧盟构建了多种支撑平台扩大服务范围助力中小企业的数字化转型升级。例如，欧洲企业网络（EEN）拥有数百个成员，可以与其他平台合作，在更大的业务范围内为中小企业提供量身定制的数字化转型能力提高服务。在数字赋能方面，欧盟专门设置了数字创新中心（DIH）为中小企业提供网络等接入技术的支持。资金支持主要来自数字欧洲计划及相关的基金。DIH 通过与 EEN 合作，紧密政企联系，为中小企业的数字化转型提供全方位的无缝支持。同时，DIH 还向其他企业推广数字化转型经验、技术，供其他企业吸收借鉴。不仅如此，基于《欧洲数据战略》，欧盟委员会还将扩大政府数据可访问性，促进企业和政府之间的数据流动，为中小企业使用数据和云平台方面提供有针对性的支持。

加快数字化转型人才培养。一方面，培训中小企业从业者，通过数字知识速成课程，提高数字技能及商业平台运作经验，并对人工智能、区块链等先进技术有所了解，提高使用意识。另一方面，依靠外部支持，通过“数字志愿者”项目，让年轻的技术人员帮助传统企业有针对性地提高数字能力，跨越“数字鸿沟”。另外，欧盟委员会利用欧洲地区发展基金，专门向中小企业提供市场所需的技能培训，帮助他们进行数字化转型。

积极改善融资渠道，降低融资难度和成本。欧盟针对中小企业数字化转型中所面临的融资问题，提出了多项对策。一是拓宽融资渠道，降低投资人风险。为降低私人投资的风险和顾虑，在风险投资方面，欧盟委员会将尝试与私营部门分担风险的新方式。例如，发布旨在扩大风险投资基金规模的 ESCALAR 计划等，以便吸引私人投资，从而使不同发展阶段的公司资金来源多样化。在股市上，公共资金作为锚定投资，为高增长的创新型中小企业吸收私人投资。二是为融资创造更有利的环境。从政府治理角度看，欧盟将在 2021 年年底前审查欧盟国家援助规则，根据这些规则，欧盟及其成员国可以为中小企业的风险投资提供更大支持。从技术角度看，基于区块链的金融科技创新，可以为中小企业与投资者的直接交流开辟新方式。中小企业可以将企业债以加密资产和数字令牌进行发行，从而形成更快捷、性价比更高的融资方式。欧盟委员会也将为区块链金融提供技术基础设施和安全支持，以配合欧盟即将出台的数字金融战略。三是通过

InvestEU 项目为中小企业吸引不同层面融资。欧盟委员会将借鉴现有中小企业保障计划的经验，创建一个独立的综合担保机制，涵盖创新型企业、文化创意企业、可持续发展模式企业及开展数字经济的中小企业等企业。这一模式可以撬动从国家到私人的多层面投资。这些企业的资金又可以促进企业开发数字技术及绿色技术，在商业化后创造更多价值。欧盟委员会还将与成员国密切合作，通过"数字创新和扩大规模倡议"，加强线上融资方式，以解决投融资渠道的地域不平衡问题。

（三）日本政府

1. 日本"互联工业"发展现状

近年来，日本正面临老年化、少子化及社会环境能源制约等问题，这些问题严重制约了日本社会经济的发展。因此，日本政府正试图在社会生产生活的各个方面积极导入 ICT 技术，不断探索适合日本的战略模式。2016 年，日本时任政府首次提出"社会 5.0"的概念。2017 年，日本时任首相安倍晋三在德国汉诺威工业博览会上再次强调了日本的"社会 5.0"战略，具体到工业领域即"互联工业"战略。2018 年 6 月，日本经济产业省发布《日本制造业白皮书（2018）》，将"互联工业"正式作为日本制造业发展的战略方向。与其他国家的工业互联网重点聚焦于企业内部的互联互通不同，日本的"互联工业"战略重点关注企业之间的连接，试图构建一个让所有企业都受益的互联工业体系。在此背景下，日本制造业企业纷纷加速向数字化、网络化和智能化转型。

"互联工业"是指以采集海量数据为基础，将人、设备、系统、技术等相互连接起来，从而创造新的附加值及解决相关的社会问题。其核心是人与设备和系统的交互的新型数字社会，通过合作与协调解决工业新挑战，积极推动培养适应数字技术的高级人才。自 2017 年日本经济产业省正式提出"互联工业"战略以来，日本"互联工业"已经在平台构建、架构构建及数据交易等方面取得了良好发展，涌现出了日立 Lumada 平台、三菱 PLC 平台等众多先进的工业互联网/物联网平台。具体实施内容如下。

积极组建实施平台。日本经济产业省支持日本机械工程学会等成立了工业价值链促进会（IVI）。IVI 目前共有 738 名成员，涵盖了三菱、东芝、富士通、日立、丰田等日本制造业骨干企业。IVI 的目标是解决不同制造业企业之间的“互联制造”问题，让不同的企业通过基于“宽松标准”的接口实现互联互通，打造“互联工厂”的生态格局。其中，“宽松标准”是指企业之间的互联互通不需要共享关乎其核心竞争力的数据，而是从局部逐步更改互联互通规则，在实现企业间互联互通的同时保证各家企业的竞争优势不受影响；“互联工厂”是指通过连接电子数据，消除企业之间开展业务协作时的超负荷、不均衡和浪费，通过自动化和灵活运用人的能力来创建智能价值链。

加快构建先进平台参考架构。2016 年，工业价值链促进会（IVI）基于日本制造业的基础提出了工业价值链参考架构——IVRA，定义其基本单元为智能制造单元——SMU，即一个企业、车间或产线，但 SMU 必须有人管理，具备自主决策的能力。2018 年，IVI 进一步发布了《日本互联工业价值链战略的实施框架》，提出新一代工业价值链参考架构 IVRA-Next。与 IVRA 相比，IVRA-Next 一是提出了 SMU 的自我进化模型，包括发现问题、共享问题、确立课题和解决问题四个环节；二是将平台定义为“不同工作和系统之间互用数据的机制”，是工业价值链参考架构的网络部分；三是提出互联工业的运行框架，包括保护数据主权、基于区块链的数据交换证明、基于“宽松标准”的数据词典管理等。

积极推动数据交易。所谓“数据交易”，即制造业企业将产出的数据提供给可信赖的第三方，以吸收对方的知识和加深业务协作，并可以根据事先定好的合约，分享因相互连接而产生新的附加价值。但是，由于企业对关乎其核心竞争力的内容会严格保密，很难直接实现高度的互联互通，为推动实现“制造业数据交易”，IVI 开发了基于“宽松标准”的工业数据词典，建立企业间易于互联互通的宽松接口，在实现企业间互联互通的同时保证各家企业的竞争优势不受影响。当前已有东芝、DMG 森精机、富士通、发那科、NEC 与三菱电机六家企业进行了数据交易的试验验证。

2. 日本政府在推动“互联工业”发展中的关键作用

为了落实“互联工业”战略，日本政府在平台构建、数据交易等方面推出了一系列政策措施，主要可概括为以下内容。

建立中小企业外部支援，持续加强对中小企业的支持。在应用机器人、物联网等新技术改进生产效率时，大部分中小企业都面临着知识缺乏、人才不足等问题。为此，日本经济产业省组织实施了中小企业智能制造支持行动，依托相关机构在全日本设立了 31 个中小企业智能制造支持中心，为中小企业提供技术支持、专家辅导等服务。同时，专家在被派往中小企业之前，须对其进行一系列的培训，以提供技术、人员、工具的支撑，强化产业链。

全面强化“产官学”合作。为了实现机器人革命，日本成立了机器人革命协会（RRI）。在 RRI 的下面成立了借助物联网进行制造业变革工作组（WG1），并且设置 4 个行动小组（分别是国际标准、网络安全、中小企业、应用示范），与德国“工业 4.0”平台的各个工作组相对应。借助 RRI 的这些工作小组，推进产、官、学方面的智能制造。

3. 日本中小企业数字化转型的政策现状

日本关于数字化转型的顶层设计起步较早，最早可追溯到 1995 年发布的《面向 21 世纪的日本经济结构改革思路》中关于重点发展通信、信息等相关资本技术产业的部署，伴随着日本产业结构向知识密集型转型而趋于成熟。自 2000 年以来，日本的数字化政策经历了三个阶段：第一个阶段是 2000—2012 年，注重数字信息技术在经济社会的应用，先后推出“e-Japan”（2001）、“u-Japan”（2004）和“i-Japan”（2009）战略计划；第二个阶段是 2013—2015 年，强调以机器人革命为突破口，带动产业结构变革，相继出台了《日本振兴战略》和《推进成长战略的方针》等；第三个阶段是 2016 年至今，日本政府致力于“社会 5.0”计划，通过利用人工智能、物联网、大数据等推动向数字化、智能化社会转型，先后发布了《科学技术创新综合战略 2016》《日本制造业白皮书》《综合创新战略》《集成创新战略》和《第 2 期战略性创新推进计划（SIP）》等战略计划。

但是，日本的数字化发展并不尽如人意，其发展规模和程度都相对滞后。为此，日本寄希望于通过“数字新政”等一系列措施努力提升自身数字化水平和数字经济竞争力，在全球数字革命中占据一席之地。

当前，日本经济陷入较为严重的负增长状态，受人员流动限制和供应链阻断等因素的影响，日本企业经营状况持续恶化，尤其是对于中小企业而言，其相对于大企业抵抗风险的能力较弱，在疫情中受到的冲击更大。为维持中小企业的生存和发展，使其适应数字化转型的发展趋势，日本政府将提高中小企业信息化水平作为当前工作的主要抓手。“数字新政”共投入 3090 亿日元用于中小企业信息化应用和数字创新产品及服务开发的资本投资，并支持中小企业通过引入 IT 工具来简化后台运营。这也是“中小企业生产力革命促进计划”的一部分，该计划还准备在未来投入 3600 亿日元，视中小企业为提升系统数字化而付出的努力程度和发展效果，为其提供持续支持。

此外，日本政府当前还将通过税制改革的方法作为推动中小企业的数字化发展重要手段之一。在现阶段税制改革中，日本政府对中小企业制定了特别的税收优惠，以鼓励中小企业进行数字化相关的设备投资，通过经营模式的转型促进中小企业长远发展。

（四）韩国政府

1. 韩国“制造业创新 3.0”发展现状

韩国自 20 世纪 60 年代开始工业化进程，到 20 世纪 80 年代一跃成为新兴工业化国家和亚洲“四小龙”之一，逐步形成以电子、汽车、船舶、石化、钢铁和机械制造等产业为代表的制造业体系，在全球制造业格局中占有重要地位。然而，自2008年国际金融危机之后，随着欧美发达国家“再工业化”战略的实施及制造业国际竞争的日益加剧，韩国制造业面临严峻挑战。为进一步提升韩国制造强国地位，继续保持本国制造业的竞争优势，韩国政府和企业高度重视信息产业与制造业的融合发展。2014年，韩国政府推出了被誉为韩国版“工业4.0”的《制造业创新3.0战略》，2015年进一步推出了补充和完善后的《制造业创新3.0战略实施方案》，形成了具有韩国特色的制造业数字化转型升级模式。

尽管韩国当前并没有直接关于工业互联网的相关战略布局，但是工业互联网的核心思想已经在《制造业创新3.0战略》中体现得淋漓尽致，《制造业创新3.0战略》的目标就是促进制造业与信息技术的融合，从而创造出新产业，提升韩国制造业的核心竞争力，这与工业互联网的核心内涵如出一辙。此外，在《制造业创新3.0战略》中也明确提出要加大在大数据、人工智能、工业物联网等领域的投资与支持力度，为工业互联网的进一步发展奠定了坚实的基础。在此背景下，韩国众多领先制造业企业纷纷加快了各自的工业物联网/互联网布局速度，韩国已成为全球物联网设备配置率最高的国家之一。

2. 韩国政府在推动《制造业创新3.0战略》发展中的关键作用

高度重视信息技术与制造业融合发展。韩国政府一直重视信息技术与制造业融合的潜在价值，长期以来在制造业领域推广应用信息技术。2008年，韩国制定了“信息技术未来战略”，鼓励发展汽车、船舶和机械等十大产业与信息技术融合；2009年，启动实施“新增长动力规划及发展战略”，将高科技融合产业作为三大重点领域之一；2011年，韩国政府投入1.8万亿韩元（约合15亿美元）用于推动发展“融合技术”。2014年，韩国正式提出《制造业创新3.0战略》，进一步推动了信息技术与制造业的融合发展。

高度重视提升制造业“软实力”。韩国政府将制造业的“软实力”作为强化制造业核心竞争力、应对其他国家竞争的主要手段之一。当前，韩国政府正针对制造业在工程工艺、设计、软件服务、关键材料和零部件研发、人员储备等领域的薄弱环节，大力投入，以取得重要突破，并计划投资 1 万亿韩元重点研发 3D 打印、大数据、工业物联网、人工智能等核心智能制造技术，尽快缩小与相关技术领先国家的差距。

大力扶持中小企业进行智能化改造。韩国在工业化进程的起步阶段，由于资本和技术力量不足，制定了不平衡的经济发展战略，即先发展大企业、后带动小企业，从而造成了韩国企业数字化、智能化水平不平衡的现状。当前，韩国在《制造业创新 3.0 战略》中加强了对中小企业智能化改造的政策与资金扶持力度。为解决中小企业技术落后及融资难等问题，韩国政府一对一绑定了 15 家大企业和 17 个地区，建立创新经济中心。除企业一对一帮扶外，韩国生产力中心研发出“韩国生产系统分析与咨询工具”，专门为韩国中小企业提供转型服务，包括制造业流程创新、更新工厂老旧设备等，还为中小企业提供改造过程中的项目绩效管理与创新活动的技术指导。

3. 韩国中小企业数字化转型的政策现状

近年来，韩国政府正将智能制造视为重振韩国制造业的重要手段。先后发布了《制造业创新 3.0 战略》《制造业创新 3.0 战略实施方案》《智能制造创新规划 2025》等一系列政策规划推动制造业数字化转型的发展。韩国政府将制造业转型推进政策的战略重点锁定于在中小企业中的推广应用，集中力量进行中小企业工厂智能化改造和智能工厂建设。

韩国推进智能制造的关键项目多采取政府主导、官民合作的模式，吸纳各层次、各类型的参与主体，实现各级政府部门、大型财阀集团、公共研发机构的分工合作。韩国贸易、工业和能源部（MoTIE）与科学、信息通信技术和未来规划部（MSIP）等中央政府部门分别发起了《制造业创新 3.0 战略》（MII 3.0）和“智联工厂”（CSF）等顶层战略性项目，并于 2015 年 6 月正式设立官民合作智能工厂推进团，合理配置公共资金，引导财阀集团投资参与。韩国各道（省级行政区）政府与财阀集团共建创造力经济创新中心（RCECC），促使财阀集团向本地初创企业和中小企业转移自动化生产和智能制造相关知识。以三星（善于智能制造技术）、LG（善于智能工厂解决方案）、浦项（善于智能工程和智能集成）为代表的财阀集团在政府协调下参与各类项目，帮助中小企业探索、应用适用性的智能制造平台。值得注意的是，韩国财阀集团对中小企业智能化改造建设的针对性支援不仅体现在人力和技术上，还直接体现在财务投入上。例如，MII 3.0 的计划总投资约为 8000 亿韩元，其中政府投资仅占 1/3，主要投向公共研发机构；其余 2/3 的投资大部分来自财阀集团，主要投向中小企业相关项目。再如，自 2016 年 8 月起，韩国开始落实 1500 亿韩元的投资，帮助中小企业建设 900 家智能工厂，其中，政府投资 450 亿韩元，财阀集团投资 100 亿韩元。

（五）中国政府

1. 中国工业互联网发展现状

中国是全球制造大国，具备联合国产业分类中所列举的全部工业门类，同时我国网络信息技术产业基础不断夯实，特别是近年来制造业与互联网融合发展不断深化，为工业互联网的发展打下了良好基础。

近年来，我国工业互联网发展迅猛，有力提升了产业融合创新水平，有力加快了制造业数字化转型步伐，推动了实体经济高质量发展。一方面，基于工业互联网相关的网络、平台、安全三大体系正全方位推进；另一方面，工业互联网在制造业各领域的融合应用正逐渐向纵深推进，有力支撑了经济高质量发展。具体表现为以下内容。

网络支撑能力大幅度提升。网络是工业互联网连接人员、设备、企业和行业的基础。当前，我国华为、海尔等一批信息通信企业与制造企业正积极探索利用 5G 等新一代信息技术改造企业的内网。我国在标识解析体系建设方面也取得积极进展，建成了北京、上海、广州、重庆、武汉五大国家顶级节点，为工业互联网的快速发展打下了坚实基础。

工业互联网平台供给能力不断强化。具备行业、区域影响力的工业互联网平台持续拓展、不断夯实，在应用融合推广、技术供给与应用服务水平等方面快速发展、走深向实。工业互联网平台在节能降耗、稳定生产等方面，以及传统工艺解决不了的新问题上，发挥着不可或缺的作用。

工业互联网安全保障体系稳步发展。安全建设是工业互联网平台数据安全的重要保障，我国主要信息技术公司正持续推动工业互联网的安全技术创新，保障数据安全和实时监管预警，目前已实现对百余个重点平台、900 余万台联网设备的实时监控。

工业互联网在各行业的融合应用向纵深推进。目前，工业互联网已经在航空、石化、钢铁、交通、家电、服装、机械等多个行业得到了应用，网络协同制造、管理决策优化、大规模个性化定制、远程运维服务等新模式、新业态不断涌现，行业价值空间也在不断拓展，提质、增效、降本、减存效果非常显著。例如，海尔 COSMOPlat 平台推出陶瓷行业首个工业互联网生态品牌——海享陶，能够实时捕捉用户端个性化需求，引入优质行业资源，全面提升建陶企业的核心竞争力。

多方协同联动的工业互联网产业生态加快构建。目前由工业企业、信息通信企业、高校科研院所及其他行业企业共同组成的中国工业互联网产业联盟成员已超过 2000 家，相关技术、标准、研发、应用等方面产业合作不断加强，各类主体跨界融通日益深入。

2. 中国政府在推动工业互联网发展中的重要作用

尽管工业互联网发端于美国、德国等发达国家，但作为国家战略，工业互联网因中国独特的制度优势正在我国得到了创新发展。我国工业互联网相关政策逐渐经历了从无到有、从粗到细的发展过程，截至目前，国家有关部门和各地方政府已陆续发布了多项促进工业互联网发展的相关政策，初步形成了国家层面上由引导内容到针对性政策向纵深拓展，地方层面上积极响应、因地制宜发展的格局。

1）国家层面：由引导内容到针对性政策向纵深拓展

我国最早正式提及工业互联网的政策文件是国务院在 2015 年 7 月发布的《国务院关于积极推进“互联网+”行动的指导意见》，其提出要推动互联网与制造业的融合，提升制造业数字化、网络化、智能化水平，加强产业链协作，发展基于互联网的协同制造新模式，研究工业互联网网络架构体系。2016 年 5 月，国务院发布《关于深化制造业与互联网融合发展的指导意见》，进一步提出要充分释放“互联网+”的力量，以建设制造业与互联网融合“双创”为抓手，围绕制造业与互联网融合关键环节，积极培育新模式新业态，改造提升传统动能，培育新的经济增长点，实现工业大国向工业强国迈进。

这一时期的政策文件名称中多以“互联网+”和“两化融合”等概念为主，工业互联网主要出现在具体实施内容的相关举措中。

直到 2017 年 11 月，国务院发布的《关于深化“互联网+先进制造业”发展工业互联网的指导意见》，成为首个专门针对工业互联网领域的政策文件，标志着工业互联网正式上升为国家级战略；也是规范和指导我国工业互联网发展的纲领性文件，确定了工业互联网“323 行动”，即打造网络、平台、安全三大体系，推进大型企业集成创新和中小企业应用普及两类应用，构筑产业、生态、国际化三大支撑等 7 项任务。

进入 2018 年以来，针对工业互联网的安全、网络和平台等细分方向，工业和信息化部又密集出台了一系列更加细致的政策文件，围绕标准、评测、试点和推广等工作提出指导意见、行动计划和工作计划。

2018 年 5 月，工业和信息化部发布《工业互联网发展行动计划（2018—2020 年）》，该行动计划以供给侧结构性改革为主线，以全面支撑制造强国和网络强国建设为目标，从网络、标识解析、平台、安全等方面突破核心技术，促进行业应用，初步形成有力支撑先进制造业发展的工业互联网体系，细化了工业互联网起步阶段的发展目标和重点任务。

2019 年，工业和信息化部出台针对性政策文件《“5G+工业互联网”512 工程推进方案》，首次提出打造 5 个产业公共服务平台，加快内网建设改造覆盖 10 个重点行业，提炼形成至少 20 个大典型应用场景，引导产业界提升网络关键技术产业能力、创新应用能力和资源供给能力。

2020 年是工业互联网创新发展三年行动计划的收官之年，2020 年 3 月，工业和信息化部发布了《工业和信息化部办公厅关于推动工业互联网加快发展的通知》，进一步明确提出加快新型基础设施建设、加快拓展融合创新应用、加快健全安全保障体系、加快壮大创新发展动能、加快完善产业生态布局、加大政策支持力度 6 个方面 20 项具体举措，这些举措的制定实施，既是立足当前巩固扩大工业互联网发展成效，培植壮大经济发展新动能的重要举措，也是面向未来为下一个五年发展奠定坚实基础的任务要求。

可以看出，当前我国工业互联网产业政策正随着产业发展不断完善丰富，并从整体兼顾向细节聚焦转变，未来还将着力于改善提升制约产业发展的短板。

2）地方层面：积极响应、因地制宜发展

随着国家政策的相继出台，各省（自治区、直辖市）因地制宜，相继出台工业互联网相关地方产业政策，并形成了长三角地区、粤港澳大湾区和京津冀地区三个工业互联网产业集群。

其中长三角地区最为活跃，上海、浙江、江苏、安徽等省份均有针对性的政策出台，积极打造长三角工业互联网一体化示范区。长三角地区是我国制造业产业高度集中的区域，如长三角地区是新能源汽车重要的产业聚集地，目前已形成了重要零部件、动力电池、电动机、汽车装备等产业基地，汽车上下游行业整体数字化水平较高，具备发展工业互联网的良好基础。苏州制造业基础深厚、产业数字化基础设施完善，因此其工业数字经济发展指数已位列长三角经济带第一，目前工业互联网骨干企业及科研院所达到近 400 家。目前，长三角通过推进长三角工业互联网一体化示范区，打造工业互联网产业高地，具有显著的“头雁效应”，为全国工业互联网发展起到示范作用，并为将来打造世界级智能制造示范区打下坚实基础。

粤港澳大湾区也较为突出，广东等地都将信息技术与工业融合应用作为产业规划重点。当前粤港澳大湾区已形成了以产业链协同为特色的制造业产业集群，珠海、江门、 惠州、佛山的工业产业均高于服务业，工业互联网具备较大的应用空间与价值。科技与制造业龙头起到行业引领作用，在自身应用工业互联网的同时也将技术赋能给行业上下游，形成了多个具备代表性的国家级双跨平台。深圳前海也在积极打造工业互联网平台先导区，构建区域战略叠加新动能。

京津冀地区也加快构建工业互联网产业集聚区，其中北京通过资本辐射、创新驱动、产业引导等方式加快工业互联网建设，目前已经形成完整的工业互联网产业体系，并聚集了一批工业互联网平台及细分领域龙头，为进一步发展工业互联网奠定了良好基础。

此外，山东、河南、四川、重庆、湖南、湖北、辽宁、福建、山西、宁夏等多省（自治区、直辖市）也纷纷结合自身特点出台了工业互联网相关政策，积极推动大中小企业积极上云。总体来看，伴随着产业发展，地方工业互联网相关政策逐步完善，并正在向垂直行业、重点领域不断延伸。

表 9-2 所示为国务院、各部委、各省（自治区、直辖市）关于促进工业互联网的相关政策汇总。

表 9-2 国务院、各部委和各省关于促进工业互联网发展的相关政策汇总

部门	发布时间	名称	工作目标
国务院	2015.7	《国务院关于积极推进“互联网+”行动的指导意见》	研究工业互联网网络架构体系，构建开放式国家创新试验验证平台；引导工业互联网智能电网、智慧城市等领域基础共性标准、关键技术标准的研制及推广
国务院	2016.5	《关于深化制造业与互联网融合发展的指导意见》	加快构筑自动控制与感知、工业云与智能服务平台、工业互联网等制造新基础
工业和信息化部	2016.11	《信息化和工业化融合发展规划（2016—2020 年）》	推动工业互联网建设，支持企业探索工业互联网应用创新
工业和信息化部、财政部	2016.12	《智能制造发展规划（2016—2020 年）》	提出了十大重点任务：加快智能制造装备发展；加强关键共性技术创新；建设智能制造标准体系；构筑工业互联网基础；加大智能制造试点示范推广力度；推动重点领域智能转型；促进中小企业智能化改造；培育智能制造生态体系；推进区域智能制造协同发展；打造智能制造人才队伍
工业和信息化部	2017.1	《大数据产业发展规划（2016—2020 年）》	深化工业大数据创新应用。加快工业大数据基础设施建设、推进工业大数据全流程应用和培育数据驱动的制造业新模式
国务院	2017.11	《关于深化“互联网+先进制造业”发展工业互联网的指导意见》	到 2025 年，基本形成具备国际竞争力的基础设施和产业体系；到 2035 年，建成国际领先的工业互联网网络基础设施和平台；到 21 世纪中叶，工业互联网网络基础设施全面支撑经济社会发展，工业互联网创新发展能力、技术产业体系及融合应用等全面达到国际先进水平，综合实力进入世界前列
工业和信息化部	2017.12	《工业控制系统信息安全行动计划（2018—2020 年）》	创建 3～5 个国家新型工业化产业化产业示范基地
工业和信息化部	2018.4	《工业互联网 App 培育工程实施方案（2018—2020 年）》	到 2020 年，培育 30 万个面向特定行业场景的工业 App；构建工业 App 标准体系，培育一批高质量工业 App；创新应用企业关键业务环节工业技术软件化率达到 50%

续表

部门	发布时间	名称	工作目标
工业和信息化部	2018.5	《工业互联网发展行动计划（2018—2020年）》	到2020年年底，初步建成工业互联网基础设施和产业体系；初步构建工业互联网标识解析体系，建成5个左右标识解析国家顶级节点，标识注册量超过20亿个；推动30万家以上工业企业上云，培育超过30万个工业App
工业和信息化部	2018.7	《工业互联网平台建设及推广指南》	到2020年，培育10家左右的跨行业跨领域工业互联网平台和一批面向特定行业、特定区域的企业级工业互联网平台；实施工业互联网App培育工程；遴选一批工业互联网试点示范项目；建成平台试验测试、公共支撑和标准体系，形成工业互联网平台发展生态
		《工业互联网平台评价方法》	规范促进工业互联网平台发展，切实做好工业互联网平台重大工程实施、试点示范遴选、平台动态评价等工作
工业和信息化部	2018.12	《工业互联网网络建设及推广指南》	到2020年，形成相对完善的工业互联网网络顶层设计，初步建成工业互联网基础设施和技术产业体系
工业和信息化部	2019.3	《工业互联网综合标准化体系建设指南》	到2020年，初步建立工业互联网标准体系；到2025年，基本建成统一、综合、开放的工业互联网标准体系
工业和信息化部等十部门	2019.7	《加强工业互联网安全工作的指导意见》	到2020年年底，工业互联网安全保障体系初步建立；到2025年，制度机制健全完善，技术手段能力显著提升，安全产业形成规模，基本建立起较为完备可靠的工业互联网安全保障体系
工业和信息化部	2019.11	《“5G+工业互联网”512工程推进方案》	到2022年，突破一批面向工业互联独特定需求的5G关键技术，“5G+工业互联网”的产业支撑能力显著提升；打造5个产业公共服务平台，构建创新载体和公共服务能力；加快垂直领域“5G+工业互联网”的先导应用，内网建设改造覆盖10个重点行业；打造一批“5G+工业互联网”内网建设改造标杆、样板工程；培育形成5G与工业互联网融合叠加、互促共进、倍增发展的创新态势，促进制造业数字化、网络化、智能化升级，推动经济高质量发展

续表

部门	发布时间	名称	工作目标
工业和信息化部	2019.12	《工业互联网企业网络安全分类分级指南（试行）》	推动工业互联网安全责任落实，对工业互联网企业网络安全实施分类分级管理，提升工业互联网安全保障能力和水平
工业和信息化部	2020.3	《工业和信息化部办公厅关于推动工业互联网加快发展的通知》	落实关于推动工业互联网加快发展的决策部署，统筹发展与安全，推动工业互联网在更广范围、更深程度、更高水平上融合创新，培植壮大经济发展新动能，支撑实现高质量发展
工业和信息化部	2020.7	《工业互联网专项工作组 2020 年工作计划》	包括提升基础设施能力、构建标识解析体系、建设工业互联网平台、突破核心技术标准、培育新模式新业态、促进产业生态融通发展、增强安全保障水平、推进开放合作、加强统筹推进、推动政策落地 10 大任务类别的 54 项具体举措
北京市	2018.11	《北京工业互联网发展行动计划（2018—2020）》	推动规模以上工业企业产线和业务系统上云上平台；建成工业互联网标识解析国家顶级（北京）节点和 20 个以上行业标识解析二级节点；重点工业骨干企业创新应用工业技术软件化率达到 50%；创建具有国际竞争力的跨行业跨领域工业互联网平台；打造以北京为中心，辐射津冀两地、服务全国的工业互联网创新应用示范基地
天津市	2018.4	《天津市人民政府关于深化“互联网+先进制造业”发展工业互联网的实施意见》	完善网络基础建设、打造平台服务体系、推动产业支撑能力建设、促进企业融合应用、构建工业互联网发展新生态、增强安全保障能力、推动工业互联网领域交流合作
	2018.9	《天津市加快工业互联网创新应用推动工业企业“上云上平台”行动计划（2018—2020 年）》	制造业的云计算技术、产业、应用和服务体系及产业生态初步建立，工业新增上云企业 2000 家以上，培育在国内有影响力的跨行业跨领域工业互联网平台 1～2 家、面向特定行业和区域的企业级平台 3～5 个、工业云平台及应用服务商不少于 30 家，搭建不少于 5 个市级工业互联网体验中心，形成典型标杆应用案例 100 个
	2018.9	《天津市工业互联网发展行动计划（2018—2020）》	到 2020 年年底，初步建成工业互联网网络基础设施、平台支撑、安全保障和产业生态体系

续表

部门	发布时间	名称	工作目标
河北省	2018.4	《关于推动互联网与先进制造业深度融合加快发展工业互联网的实施意见》	努力构建工业互联网网络体系，打造工业互联网平台体系，促进“互联网+先进制造业”模式应用，健全工业互联网安全保障体系，促进工业互联网相关产业发展
山东省	2020.9	《山东省人民政府办公厅关于加快工业互联网发展若干措施的通知》	包含优化基础网络建设，打造多级网络平台，构建安全保障体系，促进支撑产业发展，加快推进智能制造，完善标准体系建设，加大人才引育力度，加强财税金融支持，强化工作推进机制等工作
广东省	2018.3	《广东省深化“互联网+先进制造业”发展工业互联网的实施方案》	到2020年，培育形成20家具备较强实力、国内领先的工业互联网平台，以及200家技术和模式领先的工业互联网服务商；推动1万家工业企业运用工业互联网新技术、新模式实施数字化、网络化、智能化升级，带动20万家企业“上云上平台”；到2025年，在全国率先建成具备国际竞争力的工业互联网网络基础设施和产业体系。形成1～2个达到国际水准的工业互联网平台，建立完备可靠的安全保障体系，在工业互联网创新发展、技术产业体系构建及融合应用方面达到国际先进水平
山西省	2018.8	《关于深化“互联网+先进制造业”发展工业互联网的实施意见》	2018—2020年，推动标识解析、工业互联网等技术在山西落地；到2020年，推动万家中小企业上云，建设一批有影响力的工业互联网平台；到2025年，力争培育1～2个行业工业互联网平台，推动1000家企业依托工业互联网实施数字化、网络化改造
辽宁省	2019.12	《辽宁省工业互联网创新发展三年行动计划（2020—2022年）》	到2022年，辽宁省创新体系不断完善，工业互联网、智能制造等创新发展能力显著增强，初步建成工业互联网基础设施和产业体系，建成5个左右行业级、区域级标识解析二级节点，培育15个省级工业互联网平台和3个国家级双跨平台，上云企业达5万家，建设100家“5G+工业互联网”示范工厂。工业互联网支撑产业基础能力和产业链水平提升作用明显增强，制造强省和网络强省建设取得重要进展，为2025年实现数字经济发展水平居国内前列，以及基本建成国内领先、有国际影响力的制造强省、网络强省奠定坚实基础

续表

部门	发布时间	名称	工作目标
吉林省	2018.4	《吉林省人民政府关于深化工业互联网发展的实施意见》	力争到2020年，初步建成低时延、高可靠、广覆盖的工业互联网网络基础设施，初步形成各有侧重、协同集聚发展的工业互联网平台，初步建立工业互联网安全保障体系，力争形成与经济发展相适应的工业互联网产业生态
内蒙古自治区	2017.9	《内蒙古自治区经济和信息化委员会关于制造业“万户企业登云”三年行动计划（2018—2020）》	到2020年年底，全区利用云应用软件和服务开展生产经营活动的制造企业达到10万家。重点行业基本建成云平台，骨干企业互联网“双创”平台普及率达到80%以上。两化深度融合在重点行业企业层面取得明显成效，工业物联网、大数据、云计算等新技术得到广泛应用。制造业“企业上云”比例和应用深度达到国内平均水平
上海市	2017.3	《上海市工业互联网创新发展应用三年行动计划（2017—2019年）》	2019年，打造30家工业互联网标杆工厂，培育300个创新发展应用项目，全市范围内建设3～5个实践示范基地、10个功能型平台（标准、试验验证、人才培训及安全检测等），涌现出20家以上具有一定国际竞争力，能够提供自主、安全、可控的系统集成与解决方案的服务商
	2018.7	《工业互联网产业创新工程实施方案》	2020年，通过实施工业互联网“533”创新工程，即构建“网络、平台、安全、生态、合作”五大体系，落实“功能体系建设、集成创新应用、产业生态培育”三大行动，实现“全面促进企业降本提质增效、推动传统产业转型升级、助力国家在工业互联网发展中的主导力和话语权”三大目标，全力争创国家级工业互联网创新示范城市，并带动长三角世界级先进制造业集群发展
江苏省	2017.1	《江苏省政府办公厅关于推进制造业与互联网融合发展的实施意见》	到2020年，全省重点行业骨干企业“双创”平台普及率超过90%；创建50个“互联网+先进制造”特色基地，培育发展1000家以上制造业与互联网融合创新试点示范企业、100家以上融合创新优秀解决方案服务类企业
	2018.7	《关于组织实施江苏省工业互联网创新发展“365”工程》	重点围绕五星级上云企业、工业互联网标杆工厂、工业互联网平台3个创新发展方向，聚焦新型电力（新能源）装备、工程机械、物联网、生物医药和新型医疗器械、核心信息技术、汽车及零配件6个先进制造业集群，力争在2020年前打造50个工业互联网创新发展标杆项目，助力江苏工业互联网发展示范区和品牌企业建设

续表

部门	发布时间	名称	工作目标
浙江省	2018.8	《关于加快发展工业互联网促进制造业高质量发展的实施意见》	到 2020 年，培育形成 1 个具有国际水准的基础性工业互联网平台和 10 个以上国内领先的行业级工业互联网平台，形成具有特色的“1+N”工业互联网平台体系，开发集成 3 万款以上工业应用程序（App），连接 5000 万台工业设备，立足服务本省、积极辐射全国，服务 10 万家以上工业企业，培育 3000 家深度应用示范企业；到 2025 年，“1+N”工业互联网平台体系更加完善，形成 1 个国际领先的基础性工业互联网平台和 30 个以上国内领先的行业级工业互联网平台，开发集成 10 万款工业 App，连接 2 亿台工业设备，服务 30 万家以上工业企业，培育 1 万家深度应用示范企业
安徽省	2018.4	《关于深化“互联网＋先进制造业”发展工业互联网的实施意见》	到 2025 年，形成 1～2 个达到国内先进水平的工业互联网平台，掌握一批关键核心技术，形成一批国内行业领先的龙头企业。基本建立起较为完备可靠的工业互联网安全保障体系 到 2035 年，建成国内一流的工业互联网网络基础设施和平台，工业互联网全面深度应用，并在优势行业形成创新引领能力，安全保障能力全面提升，重点领域实现国内领先
福建省	2018.6	《关于深化“互联网＋先进制造业”发展工业互联网的实施意见》	到 2020 年，工业互联网发展体系初步建立；培育形成不少于 10 个工业互联网行业示范平台和 100 家以上应用标杆企业，建设不少于 1000 个“互联网＋先进制造业”重点项目，推动上万家中小企业业务系统向云端迁移 到 2025 年，建成国内领先的工业互联网网络基础设施，形成一批技术领先、引领行业发展的工业互联网平台，工业互联网总体发展水平位居全国前列
河南省	2018.4	《河南省支持智能制造和工业互联网发展若干政策的通知》	包含支持智能装备产业发展，支持企业智能化改造，支持开展试点示范，支持工业互联网平台建设，支持企业上云，创新金融支持方式等政策

续表

部门	发布时间	名称	工作目标
河南省	2018.4	《河南省智能制造和工业互联网发展三年行动计划（2018—2020）》	到2020年，全省“两化”（工业化、信息化）融合发展水平进入全国第一方阵，智能转型走在全国前列，制造业重点领域基本实现数字化，努力构建智能制造成为主流、工业互联网广泛覆盖的制造业发展格局，实现智能制造由点状突破向整体提升转变
湖北省	2018.9	《湖北省工业互联网发展工作计划（2018—2020年）》	到2020年年底，工业互联网覆盖所有千亿元级行业，建设20个在全国具有一定影响力的行业级工业互联网平台，培育2～3个全国一流的工业互联网平台，带动3万家以上企业接入湖北工业云，形成1～2个国家级工业互联网产业示范基地
重庆市	2018.5	《重庆市深化“互联网+先进制造业”发展工业互联网实施意见》	到2020年，建设工业互联网创新中心和工业互联网示范基地，形成3～5个具备国内竞争力的工业互联网平台，培育10家龙头引领企业，2万家企业“上云上平台”，实施100个试点示范项目，建成20家智能工厂和200个数字化车间，基本形成工业互联网生态
贵州省	2018.8	《贵州省推动大数据与工业深度融合发展工业互联网实施方案》	到2020年，初步构建工业互联网体系。培育打造在中西部地区具有竞争优势的工业互联网平台，初步具备一定的工业互联网产业供给能力，实施企业登云用云工程 到2022年，形成较为完善的工业互联网体系。建成覆盖各园区、各企业的工业互联网网络基础设施，培育打造国内领先的工业互联网平台，形成较为完整的工业互联网产业链，涌现一批可复制、可推广的企业数字化、网络化、智能化改造升级应用标杆，实现全省工业互联网发展水平整体跃升，部分领域创新引领
甘肃省	2018.7	《甘肃省工业互联网发展行动计划（2018—2020年）》	到2020年，甘肃省工业互联网发展水平进入中西部前列，其中，在平台建设方面要打造1～2个行业级工业互联网平台、2～3个工业互联网公共服务平台，要实现企业上云率达到30%
青海省	2018.7	《青海省人民政府关于深化“互联网+先进制造业”发展工业互联网（2018—2020年）的实施意见》	到“十三五”时期末，基本建成5类12项工业互联网重点工程，即工业互联网“512”工程

续表

部门	发布时间	名称	工作目标
宁夏回族自治区	2018.8	《宁夏回族自治区人民政府关于加快“互联网+先进制造业”发展工业互联网的实施意见》	到2020年，建成使用30个以上企业级工业互联网平台，培育引进10个以上行业级工业互联网平台，建成20个智能工厂、30个数字化车间，打造100个工业互联网应用试点示范项目，创建5个工业互联网示范基地

3. 中国中小企业数字化转型的政策现状

我国高度重视中小企业的数字化转型，早在2017年国务院印发的《关于深化“互联网+先进制造业”发展工业互联网的指导意见》中就提出要持续推进中小企业的网络专线建设，大幅降低中小企业互联网专线接入资费水平，鼓励中小企业上云用云，以确保加快中小企业工业互联网应用推广。在2018年以后，针对工业互联网的安全、网络与平台等细分方向，以工业和信息化部为主体的国家相关部委又相继出台了一系列更加细致的政策文件，重点围绕工业互联网理论研究、平台建设、网络建设、工控系统建设、工业App开发、标准制定、应用推广等工作提出了行动计划和指导意见，这些政策文件中几乎都有涉及中小企业的内容，针对中小企业数字化转型中面临的“不会转”“不敢转”和“不想转”等瓶颈问题，涵盖了中小企业通过工业互联网进行数字化转型的基础设施建设、人才技术资源、金融财政、数据安全、运营成本和应用推广等内容。

2020年3月18日，工业和信息化部印发的《中小企业数字化赋能专项行动方案》，首次单独针对中小企业指出，要以新一代信息技术与应用为支撑，以提升中小企业应对危机能力、夯实可持续发展基础为目标，集聚一批面向中小企业的数字化服务商，培育推广一批符合中小企业需求的数字化平台、系统解决方案、产品和服务，助推中小企业通过数字化、网络化、智能化赋能实现复工复产，增添发展后劲，提高发展质量。具体包含13项重点任务：利用信息技术加强疫情防控，利用数字化工具尽快恢复生产运营，助推中小企业上云用云，夯实数字化平台功能，创新数字化运营解决方案，提升智能制造水平，加强数据资源共享和开发利用，发展数字经济新模式新业态，强化供应链对接平台支撑，促进产业集群数字化发展，提高产融对接平台服务水平，强化网络、计算和安全等数字资源服务支撑，加强网络和数据安全保障。

2020 年 5 月 13 日，国家发展和改革委员会联合 17 个部门及互联网平台、行业龙头企业、金融机构等 145 家单位，通过线上方式共同启动和发布“数字化转型伙伴行动（2020）”和《数字化转型伙伴行动倡议》，协力破解中小制造企业数字化应用难题。“数字化转型伙伴行动（2020）”将围绕中小微企业数字化转型“不会转、不能转、不敢转”的问题，通过构建“政府引导—平台赋能—龙头引领—机构支撑—多元服务”的联动机制，推出普惠性的“上云用数赋智”数字化转型服务。“数字化转型伙伴行动(2020)”还将打造基于网络空间的“虚拟产业园”和“虚拟产业集群”，鼓励龙头企业带动上下游企业推进市场订单、研发设计、生产能力、营销渠道的数字化共享，汇聚转型合力，提高转型效益。同时，针对中小微企业数字化转型资金压力大的共性难题，“数字化转型伙伴行动（2020）”将提供有针对性的金融支持。

第十章

Chapter 10

推动中小企业包容性增长的实践经验

案例一：海尔 COSMOPlat 基于平台生态资源助力中小企业复工复产及跨界转产

海尔 COSMOPlat 工业互联网平台充分发挥工业互联网平台强大的资源汇聚能力，从物资、人员、金融等各方面赋能中小企业复工复产。在抗疫物资方面，海尔 COSMOPlat 通过迭代升级“新冠肺炎疫情医疗物资信息共享资源汇聚平台”，帮助中小企业对接防疫物资需求；在人员招聘方面，海尔 COSMOPlat 联合科锐国际、猎聘等资源方，与有用工需求的企业建立跟踪对接机制，动态发布岗位信息，实现用工信息全域共享，为企业复工提供人才解决方案；在金融支持方面，海尔 COSMOPlat 联合中国建设银行、交通银行、招商银行等金融机构为企业提供贷款、保险等服务。同时，海尔 COSMOPlat 创新利用数字资产技术，统筹组织金融资源，为企业原材料采购生产、设备升级等全场景提供产融资源链接与商务合作。

海尔 COSMOPlat 工业互联网平台充分发挥跨行业、跨领域的“双跨”优势，快速响应市场需求助力中小企业跨界转产。疫情期间，山东服装企业海思堡得益于海尔 COSMOPlat 平台赋能，仅用 3 天时间就实现复工转产医疗防疫物资。卡奥斯为海思堡提供防疫物资的全套生产线解决方案，包括高效精准匹配灭菌机、包装机等物资生产设备，以及无纺布、熔喷布等原材料的持续供应。原本生产房车的山东街景智能制造科技股份有限公司（以下简称山东街景），依托海尔 COSMOPlat 仅用 6 天时间就研发出了智慧测温消毒通道。海尔 COSMOPlat 平台上的人工智能、软件开发、机械加工、大数据、电子、医疗等跨行业资源，助力山东街景在短时间内实现批量生产。截至 2020 年 6 月底，其产品已销往日本、韩国、马来西亚、阿联酋等多个国家，订单达数千台。

案例二：航天云网 INDICS 基于重塑要素连接方式助力中小企业柔性转产、智能生产及供应链协同优化

INDICS 工业互联网平台通过工业知识经验封装，赋能中小企业柔性转产。为解决疫情期间口罩转产困难问题，航天云网旗下的天智公司推出开箱即用的口罩生产管理一体机，仅用 7 天时间就在南京打造了一条线上线下相结合的自动化口罩生产线，构建以数据为核心的口罩“云工厂”。口罩生产管理一体机对口罩生产管理的常用功能进行打包，只需要简单配置，就可实现口罩生产线信息化和自动化的整合并辅助排产，实现车间级应用闭环。口罩生产管理一体机还提供端云结合的可视化数据看板，使产线生产信息透明化，便于企业管理层对产线进行实时、动态的数字化监控，以及质量、设备、运营分析，以做出科学决策。

INDICS 工业互联网平台为企业提供“一站式”上云服务工业互联网，助力中小企业智能生产。云端应用工作室 EMPSS 为一款基于 INDICS 平台的“企业制造过程支持系统”，支持企业从需求分析、方案设计到售后服务全生命周期的研发制造过程，通过打通全链条的业务流程，帮助企业构建模型驱动的研制模式。EMPSS 作为云端 SaaS 层应用，兼具敏捷性和经济性，中小企业不需要建设和运维便可建立生产过程和设备的智能连接，降低疫情防控要求下的信息化成本及协同制造成本。

INDICS 工业互联网平台基于供应链协同优化解决方案促进产业链大中小企业融通发展。航天云网针对大型军工企业航发集团供应商数量多、生产过程离散性大、采购件品种多、批量小等特点，提供供应链协同优化解决方案。方案在平台层提供供应链管控业务运行所需的计算、存储和网络资源等支撑资源；在 App 层提供协同采购、供应商管理和供应链优化三大类应用服务；在展现层提供包括供应商管理专区、物资采购专区、业务协作专区等用户入口。截至 2020 年 10 月底，系统累计管理供应商约

11000家，涉及供应商累计交易额达千亿元，全面提升供应商交易合规性，使供应商产品质量合格率提升5%。

案例三：东方国信 Cloudiip 工业互联网平台第一时间响应政府及企业客户需求开发疫情防控平台

Cloudiip 工业互联网平台第一时间响应政府及企业客户需求，开发疫情防控平台，将疫情影响降到最低。Cloudiip 工业互联网平台积极打造应用于工业企业、医疗机构的数十款工业 App，包括疫情防控信息管理系统、计量云平台、质量管理平台、企业移动开发平台、企业物联网云端监测平台、企业生产过程优化平台、企业流程协同平台 BPM、售后服务管理、交互式电子手册、旋转设备振动监测诊断平台，覆盖生产制造、经营管理、运维服务及疫情防控等多个大类，助力企业实现高效、便捷、在线、协同的工作模式，降低疫情带来的影响。截至 2020 年 2 月底，Cloudiip 工业互联网平台企业用户复工率约为 67%。在复工复产过程中，东方国信遴选更多工业 App，并对已有的工业 App 采取不同长度的免费使用期，部分将永久免费，以减少企业成本投入，助力企业复产复工。

案例四：汉云工业互联网平台聚焦供应链智能管理赋能产业上下游中小企业

汉云工业互联网平台充分发挥远程调度的能力助力复工复产。武汉火神山医院建设使全球观众通过直播见证了中国基建速度，在此期间，汉云工业互联网平台的远程调度能力起到了重要作用。在接到应急指挥部要求的第二天，就通过汉云工业互联网平台调度了 70 多台施工设备，火速驰援火神山建设。在疫情缓解之后，汉云工业互联网平台助力 8000 多家企业顺利实现复工复产，帮助申请复工复产的人员62万人，发挥了重要的协同和资源协调的作用。

中小企业正在成为汉云工业互联网平台的赋能重心和亮点。2018年汉云工业互联网平台的客户60%为大型企业和央企，而2019年汉云工业互联网平台中小企业客户数量占比已经达到52%。汉云工业互联网平台创新推广模式，由原先的以大型企业创新带动中小企业跟进创新的模式转换到通过产业集群、产业协同的模式进行工业互联网的推广应用。汉云工业互联网平台已经在部分地区开启了尝试探索，在广东省建立了有色行业产业集群，通过工业互联网平台实现大中小企业之间的数据互联互通，共同应对价格变动风险，从而解决整个产业协同发展的问题。

案例五：树根互联根云工业互联网平台基于园区生态提供信息平台助力企业复工复产

基于根云工业互联网平台开发“根云疫情防控信息平台”全面支持疫情科学防控。树根互联充分发挥工业互联网平台技术优势，帮助企业安全、快速复工复产，助力政府对于疫情期间复工防控监管。树根互联依托根云工业互联网平台，以众多大中小企业用户、超58万台设备数据为样本，提供重点行业及中小企业复工复产数据，对企业复工率、到岗率、开工率等进行全方位实时监测，面向企业提供政策咨询、复工管理、防疫培训、财税支持等精准服务。树根互联打造疫情防控“云视界解决方案”，全方位、实时监测地方疫情动态，为全国各地方政府、园区、企业精准掌握疫情防疫情况、企业复工复产情况和工业经济运行趋势提供支撑。基于根云疫情防控信息平台，对企业人员分布情况、健康情况、办公数据及内部防护物资数据进行实时监测分析，同时也可以动态实现应急物资供需对接，按需高效调度设备，提升突发事件物资响应能力。

依托根云工业互联网平台，中小企业可有效提升疫情期间企业生产管理水平。树根互联的智能售后管理系统（iFSM）依托其轻量化产品设计的优势推动应用快速落地，降低中小企业疫情影响，助力中小企业复工复产。iFSM针对多种具体场景提供优化服务，疫情期间，若工厂设备运行故障且无法及时进行现场维修，企业和客户可直接通过iFSM查看设备运行状态，结合历史故障参数和设备运行参数完成远程诊断并进行精准处理，有效缩短停机时间，有力保障了企业生产运营。

案例六：浪潮云洲工业互联网平台以数据和服务为核心构造中小企业新型制造模式

云洲工业互联网平台与中国工业互联网研究院合作，支撑中小企业实现科技战“疫”。在接到中国工业互联网研究院的需求后，浪潮云洲工业互联网平台快速响应，迅速调动平台实时、快速、高效汇聚和分析数据的能力，借助资源使用、应用活跃监测、设备连接等手段，通过对工业互联网海量数据的汇集和建模分析，短时间内汇聚几十万家中小企业复工复产的分析，有效支撑了中国工业互联网研究院进行数据分析，以及时、准确掌握中小企业复工复产情况，为研究院制定支持中小企业渡过难关、实现平稳发展政策提供决策依据。

在赋能中小企业领域，浪潮云洲工业互联网平台提升企业的供应链效率，促进产业协同、优化产业结构。浪潮基于自身在智能制造及ICT融合能力的基础，通过标准化引领，推进产业数字化、产业能力汇集，产业服务能力开放，实现企业高质量发展和融合创新。平台践行“1357”发展战略，致力于工业互联网基础设施建设，打造数字基建下的工业新大陆。目前，浪潮已为18个省和73个地市提供了工业互联网服务，连接210万个产品和385万台设备，上线2万多个工业App及微服务，积累2400多个工业机理模型，汇集4万名开发者，为装备制造、机械制造、制药、化工、服装、快消品、粮食、煤炭、造纸、农用机械十大行业赋能。

案例七：华为 FusionPlant 工业互联网平台推出各项“抗疫免费资源包”为中小企业赋能

华为云联合伙伴发起“中小企业战疫驰援计划”，提供免费云资源和技术解决方案，推出各项“抗疫免费资源包”，帮助上万家企业陆续复工。华为与国家信息中心联合各方共同启动抗击疫情“数据长城”计划，之后又将其作为一个公益性、开放性的系统工程持续推进。设计部署复工复产“一张图”，设计并建立复工监管审批模块、疫情自管理模块、社区园区疫情管控模块和出行管理模块，为企业提供安全高效的数字化办公系统、企业间协作设计系统、云采购系统等。

华为 FusionPlant 工业互联网平台联合生态伙伴，通过持续运营和服务，帮助区域产业集群整体发展和转型，为区域中小企业赋能，如宁波产业云。以华为 FusionPlant 工业互联网平台为基础的全球首个沃土工场落户于宁波。目前华为 FusionPlant 工业互联网平台已赋能企业超过 1000 家，已签订服务合同超过企业 200 家，联合超过 30 个合作伙伴打造超过 40 个解决方案，有力地推动了宁波中小企业的数字化转型进程。依托华为 FusionPlant 工业互联网平台，区域中小企业不仅可以低成本、快速地获取链接、云、AI 等数字化能力，助力企业创新发展。

华为 FusionPlant 工业互联网平台围绕企业三大核心流程，助力企业提质增效，促进全行业升级。利用 AI、5G 等技术提升生产制造和服务体系的数字化和智能化水平。华为 FusionPlant 工业互联网平台致力于做工业智能化的黑土地，联合合作伙伴，共同提供工业全场景解决方案，从企业三大核心业务流来帮助企业提质增效。基于华为云人工智能与工业行业知识结合的 EI（Enterprise Intelligent）工业智能体，构建生态，汇聚算法、模型、应用等多种伙伴，将工业知识软件化和产品化，将行业知识和经验通过新的商业模式分享，提升整个行业数字化水平，促进整个产业的升级。

案例八：腾讯 WeMake 工业互联网平台基于远程协同能力为中小企业提供数字基座

腾讯于 2019 年发布了 WeMake 工业互联网平台，是腾讯云面向工业行业，整合云产品、优图工业 AI、大数据中心、企业微信等多个内部产品，对外输出资源和能力的工业互联网平台。自发布后，WeMake 平台已经在全国各地覆盖超过 10 个工业云基地。

针对中小企业疫情防控和有序复工的痛点，如缺乏远程办公工具、缺乏产业链供应链信息、资金链紧张等，基于腾讯云基础设施能力打造的适合工业数字化的工业互联网助力平台，为中小企业提供了数字化基座，以助力中小企业复工复产，实现提质降本增效。

案例九：忽米 H-IIP 工业互联网平台开发工业资源共享平台促进中小企业供需精准对接

重庆忽米网开发了“疫情防控工业资源共享平台”，促进供需精准对接，帮助企业解决复工复产供应难题。平台针对抗击疫情稀缺物资匹配提供必要保障，开通全国疫情数据实时跟踪、四大资源对接平台、线上捐赠通道、医疗物资一键搜索等功能。忽米网向重庆市制造业企业开放了全球 300 多万条供应链资源，开通企业复工在线申请平台，免费为各地政府定制开发在线复工管理平台。该共享平台已连接国内 2.65 万家口罩生产企业、3787 家防护服生产企业、51.9 万家物流公司、5576 家消毒液生产企业，以及 1433 家医用手套生产企业和 176 家隔离衣制造企业。忽米 H-IIP 工业互联网平台发挥工业互联网产业链互联优势，打通中国制造产业链“堵点”，在很大程度上解决了疫情期间企业复产复工遇到的供应链难题。

忽米 H-IIP 工业互联网平台紧急开发“疫情防控工业资源共享平台”，通过工业产业链互联优势，在线解决抗疫物资及供应链需求，在平台开放 300 多万条供应链资源，帮助中小企业解决复工复产供应难题，同时积极搭建资源共享平台，促进供需精准对接。

案例十：国家中小企业运行监测平台基于监控预测功能推动全国中小企业复工复产

国家中小企业运行监测平台通过汇聚多元数据，构建全面精准监测体系。

在平台数据方面，疫情期间，国家中小企业运行监测平台对接 34 个工业互联网平台，监测 240 万家中小企业复工复产状态，并在此基础上持续汇入平台实时数据。目前已接入 20 余万家中小企业营业收入、成本、净利润、资产、纳税等财务指标数据及 18 余万家中小企业宽带流量、设备活跃情况、座机活跃情况、话务呼入数量、呼出时长等指标数据。

在区域数据方面，依托工业大数据中心重庆分中心，国家中小企业运行监测服务平台开展重庆地区支柱产业的产业链运行监测，汇聚重庆本地企业数据总量超过 3.7TB，监测相关产业链上下游企业 19000 余家，开展了基于重庆市重点行业汽摩配、电子制造产业链的中小企业运行监测。

在行业数据方面，通过推动工业大数据中心纺织行业分中心建设，汇聚纺织行业中小企业运行数据。目前，平台已打通纺织行业几十家龙头企业及其上下游 10 万家商户数据，汇聚纺织行业价格指数、景气指数等综合指标指数及男装电商数据、批发电商数据等多场景数据，全面实时反映纺织行业中小企业运行情况。

参考文献

[1] 2020 年政府工作报告——在第十三届全国人民代表大会第三次会议上[Z]. 2020-5-22.

[2] 工业和信息化部. 关于印发《工业互联网创新发展行动计划（2021—2023 年）》的通知[Z]. 工信部信管〔2020〕197 号. 2021-01-13.

[3] 中国电子技术标准化研究院. 信息物理系统建设指南[R]. 2020.

[4] 中国电子技术标准化研究院. 制造业数字化转型路线图[R]. 2021.

[5] 中国电子技术标准化研究院. 中小企业数字化转型分析（2020）[R]. 2020.

[6] 中国电子技术标准化研究院. 中国智能制造系统解决方案[R]. 2019.

[7] 中国电子技术标准化研究院. 流程型智能制造白皮书[R]. 2018.

[8] 中国电子技术标准化研究院. 工业互联网平台标准化白皮书[R]. 2018.

[9] 中国电子技术标准化研究院. 边缘云计算技术及标准化白皮书[R]. 2018.

[10] 毛光烈. 物联网的机遇与利用[M]. 北京：中信出版社，2014.

[11] 毛光烈. 网络化的大变革[M]. 杭州：浙江人民出版社，2015.

[12] 秦海. 通向发展转型之路[M]. 上海：上海远东出版社，2012.

[13] 梅宏. 软件定义的未来世界[J]. 卫星与网络，2018（6）: 28-33.

[14] 梅宏. 万物皆可互联，一切均可编程[J]. 方圆，2018（12）: 58-59.

[15] 安筱鹏，孟圆. 新时代两化深度融合的新使命[J]. 智能制造，2017（12）:13-15.

[16] 安筱鹏. 把提升系统解决方案能力作为着力点（上）[J]. 中国信息化，2017（9）: 8-10.

[17] 安筱鹏. 深化制造业与互联网融合发展的形势与任务[J]. 中国信息

化，2016（08）:10-14.

[18] 安筱鹏. 制造业将会成为分享经济的主战场[J]. 智慧工厂，2016（06）:26-27.

[19] 胡虎，赵敏，宁振波，等. 三体智能革命[M]. 北京：机械工业出版社，2016.

[20] 朱铎先，赵敏. 机智[M]. 北京：机械工业出版社, 2018.

[21] 赵敏，宁振波. 铸魂[M]. 北京：机械工业出版社, 2020.

[22] 赵敏, 朱铎先. 工业互联网, 师在何方? [J]. 中国信息化, 2019(01): 5-11.

[23] 宁振波，刘泽. 智能制造基础——数字化[J]. 金属加工（冷加工）, 2020（7）: 6-8.

[24] 宁振波. 工业加速数字化转型[N]. 中国信息化周报, 2020-04-13(20).

[25] 郭朝晖. 工业知识软件化：从自动化到智能化——2019 冶金智能制造暨设备智能化管理高峰论坛会论文集[C]. 武汉，2019-11-02.

[26] 林雪萍. 技术+生态 不确定性未来的创新双引擎[J]. 中国工业和信息化. 2019（7）: 12-16.

[27] 肖卫东, 杜志雄, 梁春梅. 包容性增长与中小企业公共服务平台发展研究[M]. 北京：中国社会科学出版社，2017.

[28] 范轶琳. 产业集群背景下中小企业包容性增长的内在机理研究：浙江实证[M]. 杭州：浙江大学出版社，2016.

[29] 蒋鑫. 中小企业转型的战略创新研究[D]. 昆明：云南大学，2017.

[30] 郭琎. 我国中小企业经济运行特点及面临的挑战[J]. 中国物价, 2020（10）: 21-24.

[31] "新一代人工智能引领下的智能制造研究" 课题组，周济. 中国智能制造的发展路径[J]. 中国经济报告，2019（2）: 36-43.

[32] 国务院发展研究中心课题组. 传统产业数字化转型模式与路径[R]. 2018.

[33] 安筱鹏. 重构：数字化转型的逻辑[M]. 北京：电子工业出版社, 2019.

[34] 左少燕，黄飞杰，肖骏. 关于企业数字化转型的平台战略[J]. 市场观察，2020（12）: 35.

[35] 李晓华. 全球工业互联网发展比较[J]. 甘肃社会科学，2020(6): 187-196.

[36] 吕铁. 我国工业互联网产业的变革路径探究——从平台系统架构视角出发[J]. 人民论坛·学术前沿，2020（13）: 14-22.

[37] 李勇坚，丰晓旭，李坚飞. 工业互联网推动经济高质量发展的实施路径[J]. 黑龙江社会科学，2020（3）: 54-59+160.

[38] 王峰. 工业互联网平台分类研究[J]. 电信技术，2017,（10）: 8-11.

[39] 王磊. 工业互联网赋能中小企业[J]. 现代经济信息，2018（9）: 142.

[40] 张磊，杨宏庆，周兴，等. 工业互联网平台如何助力中小企业走向智能制造[J]. 智慧工厂，2019（10）: 6-12.

[41] 尹杨鹏，李亚宁，崔桀，等. 重点行业工业互联网应用路径研究[J]. 信息通信技术与政策，2020（6）: 42-46.

[42] 工业互联网产业联盟（AII）. 中小企业"上云上平台"应用场景及实施路径白皮书（2019）第一版[R]. 2019.

[43] 许召元. 塑造工业互联网平台协同发展格局[N]. 经济日报，2020-07-03（10）.

[44] 陈嘉良. 为中小企业赋能[J]. 中国物流与采购，2019（10）: 11.

[45] 李明玉，徐瑞范. 我国小微企业的弱质性分析[J]. 现代商业，2012（18）: 167-168.

[46] 刘多.《全球数字经济新图景（2020 年）——大变局下的可持续发展新动能》解读[J]. 互联网天地，2020（10）:8-15.

[47] 何翠云. 加速工业互联网建设 为中小企业发展赋能[N]. 中华工商时报，2020-07-03（003）.

[48] 徐晓兰. 以工业互联网"良药"，疗制造业中小企业"疫病"[N]. 人民邮电，2020-02-21（003）.

[49] 徐晓兰. 战"疫"建言录：依托工业互联网助力应急物资保障、企业复工复产[EB]. 2020-04-17.

[50] 徐晓兰. 工业互联网破解中小企业"疫情"之困[N]. 中国工业报，2020-02-19（004）.

[51] 罗纳德·科斯. 企业的性质[M]. 姚海鑫，等，译. 北京：商务印书馆，2007.

[52] 丹尼尔·卡尼曼，等. 不确定状态下的判断 启发式和偏差[M]. 方文，译. 北京：中国人民大学出版社，2013.

[53] 埃里克·布莱恩约弗森，安德鲁·麦卡菲. 第二次机器革命[M]. 蒋永军，译. 北京：中信出版社，2014.

[54] Grieves M. Digital twin: manufacturing excellence through virtual factory replication[J]. White paper，2014.

[55] Hellinger A， Seeger H. Cyber-Physical Systems. Driving force for innovation in mobility，health，energy and production[J]. Acatech Position Paper，National Academy of Science and Engineering，2011（2）.

[56] Shannon C E. A mathematical theory of communication[J]. Bell Labs Technical Journal，1948，27（3）:379-423.

[57] Negroponte N M. Being Digital[M]. New York: Random House Inc.，1995.

[58] Kelly K. Out of control: the new biology of machines，social systems，and the economic world[M]. London: Addison-Wesley，1995.

[59] Brandis R. The Limits of Organization[J]. Journal of Economic Issues，1974，9（3）.

[60] Peter C. Evans, Marco Annunziata. Industrial Internet: Pushing the Boundaries of Minds and Machines[R/OL]. 2012.

[61] July. Reference Architecture Model Industrie 4.0（RAMI 4.0）[J]. 2015.

[62] Industrial internet consortium（IIC）. The Industrial Internet of Things Volume G1: Reference Architecture[J]. 2017.

[63] Menon，Kärkkäinen，Wuest. Industrial internet platform provider and end-user perceptions of platform openness impacts[J]. Industry and Innovation，2020（27）.

[64] Michael Brady. Why It's Not Too Late to Build Your Own Industrial Internet Platform[J]. Industry Week，2017（8）.